Michael Amon

Nach dem Wohlstand

Politik jenseits der Menschen

Gewidmet den Neoliberalen in allen Parteien

Die Deutsche Bibliothek – CIP Einheitsaufnahme
Michael Amon
Nach dem Wohlstand – Politik jenseits der Menschen
Wien: Molden Verlag 2007
ISBN 978-3-85485-195-0

www.molden.at

Umschlaggestaltung: Emanuel Mauthe
Lektorat: Marion Mauthe
Druck: Druckerei Theiss GmbH, St. Stefan

ISBN 978-3-85485-195-0

Michael Amon

Nach dem Wohlstand

Politik jenseits der Menschen

Molden Verlag

Wir werden diese Welt nicht verstehen, wenn unsere Theorien den Bedingungen ihres Entstehens zuwiderwirken. Und wenn wir auch zu klein sind, um die Welt zu ruinieren, unsere kleine Menschenwelt zu ruinieren, das würden wir vermögen.

Rupert Riedl

The rusted chains of prison moons
Are shattered by the sun.
I walk a road, horizons change
The tournament's begun.

The yellow jester does not play
But gently pulls the strings
And smiles as the puppets dance
In the court of the crimson king.

King Crimson

Vorbemerkung

In meiner Schrift »Kollateralschäden – Essays zur blauschwarzen Wende in Österreich«, die 2005 erschien und mit dem Bruno Kreisky-Anerkennungspreis ausgezeichnet wurde, konnten viele Themen nur sehr kursorisch behandelt werden. Einige Fragen blieben naturgemäß offen, da es in dem Essayband darum ging, die Bedingungen zu beschreiben, unter denen die Wende des Jahres 2000 in Österreich vollzogen werden konnte. Ebenso naturgemäß ließ es sich nicht vermeiden, trotz des Zwangs zur Kürze weitere Fragen wenigstens anzudeuten. Die lokale Entwicklung in Österreich kann aber nicht losgelöst vom internationalen Umfeld und den großen Umwälzungen seit 1989 erklärt werden. Immer wieder wurden aus der Leserschaft Fragen nach Verdeutlichung an den Autor herangetragen und das Ersuchen, Antworten über den Tag hinaus zu geben. Außerdem war ein Teil meiner Kritik auch an die einheimischen General-Essayisten gerichtet, die es sich als Österreich-Erklärer gemütlich in den Spalten der heimischen Feuilletons eingerichtet haben und mit flotten Bonmots auf der Zunge stets den Blick fest auf reine Oberflächenphänomene gerichtet halten. Trotz aller meiner Versuche, mich von dieser Tradition zu unterscheiden, hatte ich das Gefühl, nicht immer weit genug in die Tiefe gegangen zu sein. Ich gewann nach und nach

Gewissheit, dass dieses Büchlein ohne eine weitere, vertiefende Arbeit nur eine Fingerübung bleiben würde, die an den eigentlichen Fragen, die unsere Zeit betreffen und unser aller Leben bestimmen, nicht wirklich rührt. Umso dankbarer bin ich meiner Verlegerin Marion Mauthe, dass sie mir die Gelegenheit zum weiten Ausholen, zum langen Atem gibt, ein Abenteuer für Verlag und Autor.

Es ist mir bewusst, dass ich mich mit dieser Arbeit auf gefährliches Terrain begebe. Denn ich behaupte nicht mehr und nicht weniger, als dass die existierenden politischen Parteien weder gewillt noch in der Lage sind, auf die Lebensfragen der Menschen hier und jetzt Antworten zu geben. Man darf davon ausgehen, dass jedes Zukunftskonzept, das uns vorgesetzt wird, aus Versatzstücken der Vergangenheit zusammengebastelt ist und sein Scheitern bereits hinter sich hat. Die meisten Diskussionen gehen am Wesentlichen vorbei. Der beste Beweis dafür ist, dass Fragen von geradezu lächerlicher historischer Nebensächlichkeit, nicht nur eine Regierung die Wahl verlieren ließen, sondern beinahe auch noch als Stolpersteine für eine Regierungsbildung gedient hätten. Verzweifelt wurde ein großes Projekt gesucht, an dem sich eine Koalition der beiden Großparteien hätte aufrichten können. Herausgekommen ist eine Verlängerung der eigenen Herrschaftsdauer (genannt Legislaturperiode) von vier auf fünf Jahre. Dabei liegen die Themen riesigen Felsblöcken gleich in der Landschaft, doch vor lauter Bergen sieht niemand das Gebirge.

Ich werde also bei meiner Darstellung und Kritik des Bestehenden immer wieder Verweise auf das Vorgängerwerk einflechten, um auch neue Leserinnen und Leser mit schon in »Kollateralschäden« entwickelten Begriffen vertraut zu machen, etwa dem »selektiven Neoliberalismus« oder des in sein Gegenteil gewandten Begriffsinhalts des »beabsichtigten Kollateralschadens«.

Ein wichtiges Anliegen wird es sein, den Blick über die österreichischen Grenzen hinaus zu erheben. Insbesondere die Entwicklung in Deutschland kann als paradigmatisch gelten. Die Beschreibung österreichischer oder deutscher Zu- und Umstände dient nicht der nach innen gerichteten Selbstvergewisserung, sondern dazu, die allgemeinen Entwicklungen im internationalen Zusammenhang darzustellen und verständlich zu machen.

Unvermeidlich werden auch im vorliegenden Text Verallgemeinerungen getroffen werden, die in dieser pauschalen Darstellung nicht zutreffen, wenn etwa ganz allgemein von Politikern die Rede ist. Denn wie immer gibt es Ausnahmen, man findet sie in fast allen Parteien, täte ihnen aber nichts Gutes, wenn man ihre Namen hier nennen würde. Das könnte nämlich ein bedeutendes Aufstiegshindernis darstellen. Ausnahmeerscheinungen haben es in der Politik ohnedies schwer genug (auch dies ein – wenn auch berechtigtes – Pauschalurteil), man sollte es ihnen nicht noch schwerer machen.

Man erwarte sich keine konkreten Lösungsvorschläge. Was geboten werden kann, sind neue Konzepte, um unsere Denkbeschränkungen zu überwinden; nicht nur jene, die der Neoliberalismus in uns errichtet hat, sondern auch diejenigen, die unserer Gattung apriori zu eigen und Teil unseres evolutionären Erbes sind. Zwangsläufig jedoch nimmt die Beschreibung des Status quo breiten Raum ein, da nur so die Widersprüchlichkeiten unseres Lebens, unseres Daseins überhaupt, erkennbar werden.

Für einen sowohl literarischen als auch politischen Autor stellt es eine große Herausforderung dar, beiden Ansprüchen zu genügen. Darum erschien mir eine Sammlung von Gedanken, die sich nur auf Essays beschränkt, als beschränkend. Es gibt viele Dinge auf Erden und zwischen den Menschen, die sich nicht immer in klaren Worten ausdrücken lassen. Empfindungen und Worte bewegen sich – und gerade die schreibende Zunft ist sich dieses Mangels bewusst – auf verschiedenen Ebenen und finden nur in seltenen Glücksfällen zusammen. Einer dieser Glücksfälle ist die Literatur. Ich konnte daher der Versuchung nicht widerstehen, dieses Buch, das eigentlich ein Sachbuch ist, mit literarischen Miniaturen architektonisch zu umstellen und zu durchsetzen. Die gerade in Österreich gut gepflegte und zu hoher Blüte gelangte Kunst des Mini-Dramas und der Dramolette erschien mir ein geeignetes Mittel, dem Unbestimmten und Vagen Ausdruck zu verleihen, und andererseits doch dieses Unbestimmte verdeutlichen zu können. Den Nebeneffekt des erhöhten Lesevergnügens nehme man wohlwollend und hoffentlich vergnügt in Kauf.

Mitunter liefern Autoren mehr Seiten ab, als in ein vorgesehenes Buch passen. Verlag und Autor haben auch dafür eine elegante Lösung gefunden. Einige interessante Kapitel, die jedoch den Rahmen dieses Buchs gesprengt hätten, bieten

wir Ihnen in der Rubrik »Bonus-Tracks« zum Gratis-Download von der Homepage des Autors an:
http://ourworld.compuserve.com/homepages/amon_lit
(Schreiben Sie mir: michael.amon@aon.at)

Michael Amon
Wien, März 2007

Habemus Gusenbauer

Mini-Drama

1. Akt
Gusenbauer kommt in Moskau an, fällt auf die Knie, küsst den Boden und ruft: Heimat!

2. Akt
Gusenbauer kommt in der Löwelstraße an, fällt auf die Schnauze, küsst Frank Stronach und ruft: Schlögl!

3. Akt
Gusenbauer kommt in den Himmel, stolpert über Kreisky, küsst Lassalle und ruft: Feuer frei!

4. Akt
Marx kommt nach Wien, sieht Gusenbauer, küsst Engels und ruft: Wir müssen von vorn anfangen!

Vorhang

Anmerkung: Dieses Mini-Drama entstand, als der nur Insidern bekannte Alfred Gusenbauer 1999/2000 innerhalb weniger Wochen vom Hinterbänkler im Parlament zum Geschäftsführer und dann zum Vorsitzenden der SPÖ avancierte. Die Handlung des 1. Aktes ist verbürgt. Wer Gusenbauer kennt, weiß um die bewusste Ironie dieser Szene. Zu Ferdinand Lassalle sei erwähnt, dass er als einer der Gründerväter der Sozialdemokratie eher ungewöhnlich starb: im Duell mit einem Adeligen wegen einer Dame.

1. Teil:
Was bisher geschah

Status quo ante portas

Eine tiefe Verachtung prägt die Gefühle vieler »kleiner« Leute gegenüber Politikern und der Politik. Gleichzeitig ist dieses Gefühl verknüpft mit dem unerschütterlichen Glauben an die Macht eben dieser Politiker. Eine Verachtung, die ohne diesen Glauben nicht möglich wäre. »Die da oben« können es sich nämlich in jedem Fall richten. Wäre man selbst »oben«, dann könnte man das auch. Da »die da unten« aber eingesehen haben, dass es fast unmöglich ist, zu denen »da oben« vorzustoßen, also selbst ein Mächtiger zu werden, nährt sich dieses Gefühl der Verachtung, das bis zum Hass geht, aus sich selbst.

Es ist ein Irrtum zu glauben, die meisten Menschen stünden Privilegien ablehnend gegenüber. In der Tat: Gegen Privilegien hätten sie nichts einzuwenden, wären sie selbst Nutznießer. Es stört sie nicht, dass andere Privilegien haben, sondern dass sie selbst davon ausgeschlossen sind. Und wenn man selbst ausgeschlossen bleibt, dann sollen die Politiker auch nicht dürfen.

Das Tagwerk der Politik ist daher für viele politikferne Menschen eines, in dem es gilt, täglich jene Macht zu verteidigen, die einen in die Lage versetzt, die Früchte dieser Macht zu genießen. Wie jeder »normale« Mensch denkt in deren Augen auch der Politiker also zuerst an sich selbst und erst dann an andere. So zu tun, als ob man an andere denken würde, versetzt Politiker erst in die Lage, eigene Interessen zu verfolgen.

Jene Protestwähler, deren Protest sich vor allem aus dieser Verachtung speist, tendieren dazu, genau solche Politiker zu wählen, die diesem Klischée am besten entsprechen. Die Geschichte der »populistischen« Parteien in Europa, ist der beste Beweis für diese These. Selbst eine Partei wie die FPÖ, die alle ihre vorgeblichen Prinzipien in der Regierung mit der ÖVP über Bord geworfen hat, darf auf neuen Wähleraufschwung hoffen, sobald sie das in der Vergangenheit Geschehene zum Verrat erklärt und für die Zukunft Besserung verspricht.

Interessanterweise funktioniert das auch bei Volksparteien wie der sozialdemokratischen. Die Tatsache, dass ein kleiner Kreis von Gewerkschaftsbonzen in wenigen Jahren jenes Vermögen verspielt hat, das zuvor Millionen einfacher Gewerkschaftsmitglieder über Jahrzehnte hinweg angespart haben, müsste dazu führen, dass kein Mensch mehr einer Partei, die solche Funktionäre in ihren Reihen geduldet hat, auch nur eine halbe Stimme gibt. Das Versagen ist systemimmanent. Spätestens seit der Konsum-Pleite wusste man, wozu Gewerkschaftsbosse fähig sind, und welche Strukturen im ÖGB herrschen. Das Aufrechterhalten dieser »übermächtigen«, von der gewählten Person unabhängigen und unbeeinflussbaren Struktur der Verantwortungslosigkeit ist die eigentliche persönliche Schuld jedes einzelnen Spitzenfunktionärs im ÖGB. Die US-Transportarbeiter-Gewerkschaft früherer Jahrzehnte hätte das Problemfeld Elsner, Verzetnitsch & Co. im Lake Michigan entsorgt. Obwohl man zugeben muss: Bei über 70 Vorstandsmitgliedern im ÖGB eine wahrhaft mörderische Arbeit.

Gemessen am angerichteten Schaden hätte die SPÖ bei der Wahl im Oktober 2006 aus dem Parlament fliegen müssen. Stattdessen konnte sie als stimmenstärkste Partei den Kanzleranspruch stellen. Wobei man nicht übersehen sollte, dass dies immerhin das drittschlechteste Wahlergebnis der SPÖ seit 1945 war. Ein paar Zehntelprozentpunkte gingen verloren, aber an Leute, die längst bewiesen hatten, dass ihnen Bonzentum durchaus vertraut ist. Die kleinen Leute wählen offenbar das Erwartbare. Wo die Erwartung tief hängt, können sogar Leute gewählt werden, die sich selbst in jeder Hinsicht politisch desavouiert haben. Da kann sich dann ein Tiefflieger wie Wolfgang Schüssel als Adler hoch in den Lüften fühlen, auch wenn er sich nur wenige Zentimeter über dem Boden bewegt. Denn gemessen an den Versprechungen der Wahl von 2002 wurde Schüssel in der Wahlpropaganda der SPÖ zu Recht als Lügenkanzler bezeichnet. Die beleidigte Reaktion auf die Werbelinie der Sozialdemokraten, die auf diese Unwahrheiten hinwies, ist überflüssig. Die Menschen haben Schüssel und seiner ÖVP nicht mehr geglaubt. Erstaunlich ist, dass noch immer ein Drittel der Menschen bereit war, eine Partei zu wählen, deren Protagonisten mit fröhlichem Volksliedgut auf der Zunge hinter dem Rücken die Finger zu Hexenkreuzen verkrampfen. Es scheint einen Zusammenhang zwischen der Tatsache zu geben, dass nicht Oppositionen Wahlen gewinnen, sondern Regierungen sie verlieren, und dem Anschein, dass Oppositionen niemals, Regierungen aber immer lügen. Offenbar verleiht erst die Macht die Kraft zur Lüge. Oppositionen lügen nicht, sondern versprechen bloß zu viel.

Es ist weniger erstaunlich, dass in Österreich etwa ein Viertel der Wahlberechtigten der Wahl fernbleibt, sondern viel mehr der Umstand, dass noch immer drei Viertel wählen gehen. Denn am auffälligsten im Wahlkampf 2006 war die konsequente Weigerung der ÖVP, einen politischen Diskurs zuzulassen. Aber das ist die politische Linie der ÖVP: »Reden wir über alles, nur nicht über Politik.« Man versucht, sich bei Wahlen Mehrheiten für Vorhaben zu holen, über die man nicht spricht. Dies entspringt dem ungesunden Misstrauen dieser Partei gegenüber dem, was sie in ihrem Namen trägt: dem Volk. Die Propaganda der ÖVP ist von großer Verachtung gegenüber der Wählerschaft getragen. Nicht einmal mit den eigenen, wahrhaft simplen, pseudo-neoliberalen Leitsätzen, tritt man vor die Leute. Was die ÖVP diesem Land seit dem Antritt der Schüssel-Regierung zugemutet hat, ist nicht bloß undemokratisch, sondern anti-demokratisch. Bewusst wurden Maßnahmen als das Gegenteil dessen verkündet, was sie sind. Die politische Lüge wurde routiniert auf die Tagesordnung gesetzt, jede Diskussion ist zwecklos. Quasireligiöse Merksätze (Nulldefizit, demografische Entwicklung, Privatisierung) wurden bis zum Erbrechen heruntergeleiert. Jede Frage von Journalisten wurde mit immer gleichen, glaubensartig vorgetragenen Stehsätzen nicht beantwortet. Bei Niederlagen wurde Sieg gejubelt, Pensionskürzungen zu Erhöhungen umgedeutet. Die Niederlage bei der Nationalratswahl wird als Irrtum der Wähler dargestellt und von der Partei auch so empfunden. Die ÖVP hat diese Wahl verloren, weil sie die Leute seit Jahren systematisch über die wahren Absichten des Schüssel-Projektes in die Irre geführt hat;

weil sie versucht hat, eine eng gedachte Interessenspolitik als wahres Österreichertum zu verkaufen. Das hat im Herbst 2006 nicht mehr funktioniert, weil das Propagandaschild vor dem Kopf zwar ausreicht, den Funktionären den Blick zu versperren, aber die vorhandenen Blößen weiter unten nicht verdecken kann.

Die Grünen hatten bisher in Österreich das Glück, nie beweisen zu müssen, wie sie es denn mit der Umsetzung von politischen Ideen in Taten halten. Die Koalitionsverhandlungen, die diese Partei 2002 mit der ÖVP geführt hat, lassen das Schlimmste, also das Übliche erwarten. Über Oberösterreich, wo die Grünen mitregieren, kann man nur eines sagen: sie sind ihrem dortigen Wahlprogramm treu geblieben. Denn ihr lokaler Spitzenkandidat Rudi Anschober warb mit einem Sessel, den er gerne erklimmen würde: dem eines Landesrates. Den hat er nun stolz erklettert und macht genau das, was zu erwarten war: Er hockt freudig darauf herum und fällt nur durch das Erlassen seltsamer Tempolimits auf.

Über das BZÖ auch nur ein Wort zu verlieren, hieße, wieder hinzukritzeln, was die Geschichte bereits aus ihren Annalen gelöscht hat. Und der FPÖ-Teil des dritten Lagers hat auch nur jene Waren im Katalog, die schon zu Jörg Haiders besten Zeiten ungenießbar waren. Irgendwie wünscht man sich, die Herrschaften würden ihre Duelle nicht mit irgendwelchen Degen, sondern mit gut geladenen Kalaschnikows austragen. Allerdings ist die FPÖ die Parlamentsfraktion mit der höchsten Kinderquote pro Kopf. Das liegt vermutlich daran, dass an diesen Möchtegern-Revolutionären von 1848 die Aufklärung in jeder Hinsicht vorbeigegangen ist.

Wenn man die Parteienlandschaft ehrlich betrachtet, die eigenen Sympathien, so gut es geht, außer Betracht lässt, kommt man zu der traurigen Erkenntnis, dass keine der im Parlament vertretenen Parteien – gemessen an ihren Leistungen – dort etwas zu suchen hat. Nimmt man als Maßstab die zuletzt vorgelegten Wahlprogramme, wird es auch nicht besser. Wer liest schon Wahlprogramme? Die Wähler jedenfalls nicht, die jeweils eigenen Funktionäre ebensowenig, und Minister und Kanzler schon gar nicht. Da müssten sie sich womöglich dran halten.

Die Fehldiagnose als politische Methode

Das Wesen der Fehldiagnose liegt darin, dass eine getroffene Diagnose falsch ist. Dies klingt im ersten Moment nach Pleonasmus. Und doch ist es ganz wichtig, diese scheinbar simple tautologische Definition in Erinnerung zu rufen. Denn schon mit der medizinischen Fehldiagnose ist es so eine Sache. Nach dem Motto »ein Arzt wirft einen anderen Arzt nicht der Haftpflichtversicherung zum Fraß vor« ist es für geschädigte Patienten erfahrungsgemäß nicht einfach, zu ihrem Recht zu kommen.

Im politischen Leben stellt sich die Sache grundsätzlich anders dar: Der politische Gegner jault fröhlich »Fehldiagnose«, während die eigenen Leute laut schreiend die Richtigkeit ihrer Annahmen beteuern. Für die Patienten, also die Regierten, stellt sich die Lage schwierig dar: Sie stehen stets mit mehreren Gutachten in der politischen Landschaft herum und wissen nicht, welchem sie trauen dürfen. Die Erfahrung zeigt: keinem. Denn es geht nicht darum, aus der Analyse und Diagnostik des Bestehenden Lösungen und Verbesserungsvorschläge zu erarbeiten. Diese Vorstellung ist naiv. Für ein solches Vorgehen ist der Abstand zwischen zwei Wahlgängen viel zu kurz. Gewählt wird nämlich immer irgendwo im Land.

Die Fehldiagnose in der Medizin kann zweierlei Ursachen haben: falsche Deutung von Symptomen oder Vernachlässigung der ärztlichen Sorgfaltspflicht. Diese beiden Fälle können auch in der Politik auftreten. Jedoch kommt hier noch eine dritte Möglichkeit ins Spiel: die wissentliche Fehldiagnose mit dem Ziel, die Wählerschaft zu täuschen, oder um die Forderungen des politischen Gegners leichter zurückweisen zu können. In der Politik kommt damit eine ganz besondere Form der Fehldiagnose ins Spiel – nicht Irrtum, sondern Absicht kennzeichnen diese Variante.

Wenn Ärzte vor einem Patienten stehen, dessen Blutdruck auf 250 gestiegen ist, werden sie besorgt dreinschauen, verzweifelt nach einer Ursache suchen und im besten Fall eine richtige Diagnose stellen, im schlechtesten Fall eine falsche oder gar keine. Kein Zweifel aber wird darüber bestehen, es mit einem krankhaften und äußerst gefährlichen Zustand zu tun zu haben, der schnelles Handeln erfordert. Undenkbar, dass etwa ein klar erkannter Herzinfarkt zur Blinddarmreizung erklärt wird, um niemanden – vor allem aber sich selbst – zu beunruhigen.

In der Politik läuft das anders. Die Parteien stehen um den Patienten herum und während die einen (im Normalfall die Opposition) höchst betreten erklären, er nähere sich bereits dem Koma, werden die anderen (im Allgemeinen die Regierung) fröhlich in die Kameras lachen und keinen Zweifel daran lassen, dass es sich um einen kerngesunden Patienten handelt. Sollte sich nach Einsetzung einer Kommission jedoch herausstellen, dass der Blutdruck tatsächlich 250 beträgt, wird die Regierung nicht anstehen, das zum Normalzustand zu erklären – nicht ohne darauf hinzuweisen, dass der Patient auf Zimmer 304 sogar 270 Blutdruck habe, und dem gehe es auch nicht wirklich schlecht.

Während also die Fehldiagnose in der Medizin als ein zu vermeidendes Unglück gilt, ist sie im politischen Alltag geradezu als Handwerkszeug anzusehen. Die Politik hat dabei viele mehr oder weniger elegante Formen der Fehldiagnose entwickelt. Besonders beliebt ist das ablenkende Schönfärben. Auf medizinisch: Ein Patient wird mit Herzinfarkt ins Spital eingeliefert und fällt ins Koma. Fragen der Angehörigen beantworten die Ärzte freundlich: Er habe ganz ausgezeichnete Leberwerte, und auch der Haarwuchs sei in Anbetracht des Alters beachtlich. Natürlich würde kein Arzt wagen, eine solche Antwort zu geben.

Fragt man Politiker – beispielsweise – wie es um das verrottete Bildungssystem stehe, würden sie locker antworten, durch die erhöhten Investitionen in die Infrastruktur der Bahn sei es gelungen, die Fahrzeit zwischen den Universitätsstädten um durchschnittlich zehn Minuten zu verringern. Außerdem gebe kein anderes Land so viel Geld für den Hochwasserschutz aus.

Die Fehldiagnose, wie sie hier beschrieben wurde, ist das tägliche Brot des Politikers. Leider haben wir es noch mit einer vierten Form von Fehldiagnosen zu tun. Es sind die systemisch bedingten. Würden wir etwa Ärzte nicht in Anatomie ausbilden, wären systemische Fehldiagnosen unvermeidbar. Sie wären beim besten Willen gar nicht in der Lage, richtige Diagnosen zu stellen. Ähnlich verhält es sich mit den systemischen Fehldiagnosen der Politik. Denn entgegen allen Gerüchten, haben Politiker nicht die Aufgabe, Probleme des Gemeinwesens zu lösen, sondern sind zu bloßen Problemlösungs-Darstellern degeneriert. Dies liegt einerseits an der

Kurzatmigkeit, mit der Politik betrieben wird. Gehetzt von fast schon täglichen Meinungsbefragungen bleibt kaum Zeit zum Durchatmen und Nachdenken. Für mehr Qualität in der Politik wäre es daher dienlich, nur mehr alle vier Jahre Meinungsumfragen zu lesen, anstatt die Legislaturperiode auf fünf Jahre zu erhöhen. Andererseits liegt es an der Komplexität der Probleme. Kaum ein Politiker wird zugeben, dass er in Wahrheit ratlos ist und die Ursache unter Umständen gar nicht erkennen kann. Noch weniger wird er zugeben, dass er keine Lösungen anzubieten hat.

Eine Spielart der systemischen Fehldiagnose ist die wegen ideologischer Verblendung. Sie findet sich interessanterweise sowohl in der Politik als auch in der Medizin, dort allerdings vorwiegend bei den Wunderheilern. Eine durchaus bemerkenswerte Übereinstimmung. Ein Arzt, der etwa der festen Überzeugung ist, dass gegen jedweden Krebs am besten die tägliche, mehrstündige Selbstgeißelung mit Mispelzweigen hilft, unterliegt leicht erkennbar der ideologischen Verblendung. In der Politik ist das insofern schwieriger zu erkennen, als dort ein gewisses Maß an Ideologie durchaus zur wünschenswerten Mindestausstattung gehört (einschließlich der so genannten »Pragmatiker«, da der Pragmatismus seinerseits längst zu einer Ideologie der Fantasielosigkeit verkommen ist). Wenn also dem Arzt die Patienten reihenweise unter den Mispelzweigen wegsterben, hat es was mit seiner Theorie. Wenn er trotzdem damit weitermacht, ist er ein unbelehrbar verrannter Ideologe. Entsprechend gilt das für Politiker, die immer wieder die gleichen Mittel einsetzen, obwohl ihre Wirkungslosigkeit längst bewiesen ist.

Erstaunlicherweise ist es gerade diese ideologische Befangenheit oder auch Idolatrie (welche Bezeichnung auch immer man vorzieht), die zu den häufigsten Fehldiagnosen und Irrtümern in der Politik führt.

Am Ende des Tages

Mini-Drama

Neulich in der Milchbar des Parlaments.

Servierkraft: Was hätt ma denn gern?

Der ÖVPler: Ich möchte nicht verschweigen, dass ich in Erwägung ziehe, einen kleinen Braunen nicht abzulehnen.

Servierkraft schiebt einen Kaffee über die Theke zum Abgeordneten.

Der ÖVPler: Lassen Sie mich zuerst den Wählern danken.

Servierkraft: Dank brauch ich nicht. A ordentliches Trinkgeld reicht!

Der ÖVPler: Ich mach das nicht aus Jux und Tollerei! Wem Gott ein Amt gegeben hat, dem gibt er auch die Bürde.

Der Clubsekretär: ... die Würde!

Der ÖVPler: Würde? Ich würde gar nix ...

Der Clubsekretär: Die Würde! Würde! Verstehst?

Der ÖVPler: Am Ende des Tages, und das sage ich in aller Klarheit, wird auch das Volk da draußen ...

Es läutet laut zu einer Abstimmung.

Der Clubsekretär: Gemma, schau dass Du rüber kommst in den Plenarsaal. Wir brauchen jede Stimme.

Der ÖVPler: Über was stimmen wir denn ab?

Der Clubsekretär: Keine Ahnung. Hast den Zettel verloren? Macht nix, schau, was dein Nachbar macht.

Der ÖVPler: Über die Bürde ... oder war's die Würde? Jedenfalls net aus Jux und Tollerei.

Der Clubsekretär: Das steht fest. Da fahrt die Eisenbahn drüber, am Ende des Tages.

Der ÖVPler: Na, dann werden wir mal in aller Klarheit!

Servierkraft: Mein Trinkgeld!?

Der ÖVPler: Schreib's an, am Ende des Tages ...

Der Clubsekretär: ... fahrt die Eisenbahn drüber.

Warum mag die Volkspartei das Volk nicht?

Die ÖVP ist – insbesondere während der Obmannschaft von Wolfgang Schüssel – zu einer verhaltensoriginellen Partei geworden. Wenn sich Schüssel und seine Mitstreiter im Lodenjanker als Volk verkleiden und vermeintliche Volksmusik absondern, ist die ÖVP endlich im Musikantenstadl angekommen. Anders kann sie sich das Volk nicht mehr vorstellen, zu weit hat man sich selbst von selbigem entfernt.

Der Begriff »Volk« war immer nur ein Konstrukt, eine Begrifflichkeit, die etwas vortäuschte, das es so nicht gibt. Denn der Volks-Begriff der ÖVP ist ein ständestaatliches Kunstprodukt, Gegenstück zum Begriff »Klassenkampf«. Das Volk hat keine soziale Schichtung, schon gar nicht Klassen, sondern setzt sich aus Ständen zusammen. Die Stände sind Berufsgruppen wie Bauern, Gewerbetreibende etc. Innerhalb dieser Stände gibt es ein klares Oben und Unten, jeder Mensch hat seinen eindeutigen Platz zugewiesen. Da ist es natürlich, dass es reich und arm geben muss, Herr und Hund, und jeder sich in seine Rolle zu fügen hat. Sie ist schließlich gottgewollt. Man kann das auch Standesdünkel nennen. Ablesbar waren diese Standesdünkel etwa sehr gut am letzten Wahlabend, als führende ÖVP-Politiker nicht wahrhaben wollten, dass der »Prolet« Gusenbauer die Wahl gewonnen hatte. Kreisky war ja wenigstens noch ein Großbürger gewesen, wenngleich aus schwarzer Sicht mit den schweren Mängeln behaftet, Sozialist und Jude zu sein. Gusenbauer aber, ein echter Held der Arbeiterklasse, firm in Politik, Sprache und Wein, das ist ein Verstoß gegen die althergebrachte Ordnung. Da maßt sich einer an, Dinge zu tun, die ihm seiner Herkunft nach nicht zustehen. Die häufigen Verweise auf das Genießertum Gusenbauers haben nicht nur damit zu tun, dass man die Neidgefühle seiner roten Klientel wachkitzeln wollte, sondern auch damit, dass man es für ungehörig hält, wenn ein Arbeiterbub es den Bürgerlichen gleich tut. Für die niederen Stände ist das katholische Fastengebot bekanntlich ein besonders strenges.

Die systematische Abschottung Wolfgang Schüssels ist mehr als nur Ausdruck seiner Überlegenheitsgefühle, sie verrät auch viel über seinen autoritären Charakter und eine irregeleitete Vorstellung von Elite. So wie das im eigenen Parteinamen beschworene Volk nur als dodelhaft schunkelnde Masse wahrgenommen und angesprochen wird, hat man auch kein Vertrauen in dieses Volk. Es ist zu dumm, um zu erkennen, was ihm gut tut und was nicht. Am besten fragt man das Volk nicht viel, und gibt ihm auch gar keine Gelegenheit, dumme Gegenfragen zu stellen. Das ist die Ursache, warum Schüssel oft vorgeworfen wird, ein Lügner zu sein. Denn Schüssel gibt niemals Auskunft über seine wahren Absichten. Wenn er bei den Wahlen von 2002 im Wahlkampf deutlich erklärt hat, keine weiteren Pensionskürzungen vor zu haben, dann war das aus heutiger Sicht bewusst gelogen. Er hat nicht einfach nur zu viel versprochen und musste dann korrigieren. Nein, Schüssel hat bewusst seine wahren Absichten verschleiert. Wenn die SPÖ im letzten Wahlkampf versprochen hat, keine Abfangjäger zu kaufen, war das dagegen keine Lüge, sondern entsprach der festen Überzeugung sowohl der Führung als auch der Basis der Partei. Da war nichts gelogen. Jetzt, da man endlich Einblick in die Verträge hat, wird man zwar draufkommen, dass man den Mund zu voll genommen hat. Aber man darf davon ausgehen, dass es keineswegs das Ziel der SPÖ war, Abfangjäger zu kaufen und dies bloß für den Wahlkampf in Abrede zu stellen.

Wolfgang Schüssel hat immer eine »hidden agenda«, für die er sich bei Wahlen keine Legitimierung holt. Das ist seinem Wesen nach undemokratisch. In einer repräsentativen Demokratie müssen im Wahlkampf die Karten auf dem Tisch liegen – und auch danach. Sonst leben wir in einer permanenten Wählertäuschung – so wie in den letzten sechs Jahren seit 2000. Nie gab die Schüssel-Regierung zu, was sie wirklich umtrieb, nämlich die Entfernung der Sozialdemokraten aus allen Schaltstellen der Republik – und das auf möglichst lange Zeit; die Herabsetzung der sozialen Mindeststandards für jene Bevölkerungsteile, die keine Kernschichten der ÖVP sind, also die Politik des selektiven Neoliberalismus. Die einfachen Arbeiter und Angestellten wurden im Stich gelassen, die Beamten geschützt und Industrie und Großfinanz durften sich ungeniert bereichern. Die Umweltstandards wurden herabgesetzt, demokratische Einflussmöglichkeiten verringert (durch die Einführung von kurienartigen Wahlrechten in der Sozialversicherung und in der Studentenvertretung, wo der Grundsatz »ein Mensch, eine Stimme« nicht mehr gilt). Lauter Maßnahmen, für welche die ÖVP nie in einem Wahlkampf geworben hat.

Verschärft wird diese Diskursverweigerung dadurch, dass auch der innerparteiliche Diskussionsprozess zum Stillstand gekommen ist. Zusammen mit einem handlungsunfähigen Koalitionspartner ergibt diese Mischung eine gefährliche Zusammenballung undemokratischer, autoritärer Verhaltensweisen und führt dazu, dass man am Wahlabend, wenn die Schlacht verloren ist, ungläubig vor den Trümmern der eigenen Illusionen steht. Wähnte man sich bis kurz vor der ersten Hochrechnung noch im Besitz der ganzen Macht, musste man spätestens jetzt feststellen, dass man die Rechnung ohne den Wirt gemacht hat – eine Volkspartei, der das Volk in Scharen davongelaufen ist.

Hat die ÖVP einst versucht, sich zu einer Partei der öko-sozialen Marktwirtschaft zu entwickeln, so sind unter Schüssel die Beiwörter »öko« und »sozial« verschwunden. Ein Mann, der lebenslang ein Kammerbürokrat war, hatte sich auf den Weg gemacht, uns den freien Markt zu bringen – beziehungsweise das, was er sich darunter vorstellt. Denn das billige Verschleudern von Staatseigentum zur Bereicherung der eigenen Klientel hat mit freier Marktwirtschaft nichts zu tun. Die freche Vermischung von ganz persönlichen Interessen und angeblicher Wirtschaftspolitik ist einmalig. Man rechne einmal nach, wie viele Millionen Euro die Mitglieder des Kabinetts Schüssel (samt ihrer Verwandten) aus der Gruppenbesteuerung für sich selbst lukrieren konnten. Dazu addiere man jene Beträge, welche die Finanziers der Homepage des Finanzministers aus dieser Steuerbegünstigung kassieren konnten, dann weiß man, was der Begriff der »Wende-Dividende« wirklich bedeutet.

All dies sind Vorkommnisse, die einer Volkspartei nicht zur Ehre gereichen. Was wunder, dass Schüssel nicht diskutiert, die Liste seiner »hidden agenda« lieber in der Schreibtischlade liegen hat, und nur nächtens, wenn ihn niemand dabei ertappen kann, die erledigten Punkte abhakt.

Vielfach wird der ÖVP vorgeworfen, ihr christlich-soziales Erbe verraten zu haben. Dem muss man allerdings heftig widersprechen. Wer unter »christlich-sozial« versteht, dass eine Partei sich der christlichen Nächstenliebe verpflichtet fühlt und eine entsprechend sozial motivierte Politik vertritt, liegt völlig falsch. Diese Definition hat nichts mit dem Wortsinn in seiner historischen Dimension zu tun. »Christlich-sozial« bedeutet weder das, was wir uns gemeinhin unter christlich vorstellen, und noch weniger ist es ident mit dem Begriff des »Sozialen«, wie wir ihn heute gebrauchen.

In den letzten Jahrzehnten wurde der Begriff »christlich-sozial« soweit vulgarisiert, dass die heutige Verwendung nicht mehr wiedergibt, was dieses Begriffspaar historisch bedeutet und für welche praktische Politik es steht. Die christliche Soziallehre geht davon aus, dass soziale Ungerechtigkeiten nicht systembedingt sind, sondern auf einem Mangel an christlicher Nächstenliebe beruhen. Angewandte christliche Nächstenliebe hebt die Unterschiede zwischen den Menschen auf, nicht indem sie diese Unterschiede beseitigt, sondern indem wir sie in Liebe akzeptieren, der Arme sich seine Würde nicht nehmen lässt, und die Begüterten demütig und nicht despotisch sind. Soziale Unterschiede können nicht beseitigt werden, bleiben immer bestehen. Ungleichheiten zwischen Mann und Frau, zwischen Herrschenden und

Dienenden sind unüberwindbar, werden aber durch das einigende Band der christlichen Liebe geadelt. Hier liegt die Wurzel des Ständestaates: Es gibt keine Klassengegensätze. Solidarität wird daher nicht innerhalb einer sozialen Gruppe geübt, sondern zwischen den berufsständischen Gruppen der Gesellschaft. Arbeiter und Unternehmer bilden gemeinsam die große Einheit »Volk« und alle sozialen Gegensätze sind auf wundersame Weise aufgehoben, da allseits in Solidarität akzeptiert. Jeder hat einen ihm angemessenen Platz in dieser ständischen Gliederung. Es gibt keine Arbeiter- oder Unternehmerinteressen, sondern nur das gemeinsame Interesse der jeweiligen Stände.

Die Sozialenzykliken der Päpste geben diesen Standpunkt wieder, insbesondere das Prinzip der Subsidiarität wird deutlich betont. Übergeordnete gesellschaftliche Instanzen dürfen nur Aufgaben übernehmen, die nicht von den untergeordneten Einheiten wahrgenommen werden können. Dieses Prinzip läuft allerdings allen Ideen eines modernen Wohlfahrtsstaates zuwider. Weder gibt es einen Rechtsanspruch, noch wird der einzelne Mensch aus der erdrückenden Abhängigkeit vom Wohlwollen seiner Mitmenschen befreit. Dies ist eben die logische Konsequenz einer Sozialpolitik, die an das christliche Mitgefühl appelliert. Eine solche Gedankenführung ist die geistige Basis sowohl des Dollfuß-Regimes als auch der ÖVP.

Bis heute macht die ÖVP christlich-soziale Politik auf Augenhöhe mit den Päpsten und ihren diversen Vorgaben, was leicht überprüfbar ist. Die Familienpolitik ist inzwischen vorvoriges Jahrhundert; die Regierenden wissen, was für das Volk gut ist, eines Diskurses darüber bedarf es nicht. Umverteilung des gesellschaftlichen Reichtums von oben nach unten ist unerwünscht. Im Gegenteil, in der Praxis wird eine Umverteilung von unten nach oben angestrebt, da dies der natürlichen (= göttlichen) Ordnung der Dinge entspricht. Gleiches gilt für die Stellung der Frau, denn der natürliche Zustand ist es, dass Frauen von der Erwerbstätigkeit »verschont« bleiben. Das Kindergeld, das 2000 eingeführt wurde, passt genau in dieses Bild, da es den Frauen den Wiedereintritt in den Beruf nach der Schwangerschaft deutlich erschwert. Die Überzeugung, dass es von Haus aus »Dumme« und »Gescheite« gebe, liegt auch der Ablehnung einer modernen Gesamtschule zugrunde. Dass die »Gescheiten« mit den Kindern der vermögenden Schichten ident sind, ist dann kein Zufall, sondern Teil der göttlichen Vorsehung. Kein Wunder also, dass man diesen Gott auch noch in eine neue Verfassung hinein reklamieren will (und sich nach einem Wahlsieg bei selbigem bedankt).

Der Verzicht auf jede Art von Gesellschaftsreform ist sehr kennzeichnend. Stattdessen wird eine »Gesinnungsreform« angestrebt. Das erklärt, warum die ÖVP nicht auf reale Reformen setzt, sondern darauf, mittels Propaganda bestimmte Geisteshaltungen zu fördern. Es gibt kein Nulldefizit, aber es ist in allen Köpfen. Es gibt keine Pensionskürzung, sondern nur eine Pensionssicherung. Der ÖVP geht es darum, Begriffe in den Köpfen zu verankern, ein bestimmtes geistiges Klima herzustellen, und dabei die Besitzenden zu schützen. Der Schutz der Bedürftigen bleibt bei christlich-sozialer Politik dagegen immer auf der Strecke. Damit ist sie aber trotzdem noch keine neoliberale Partei, denn konsequenter Neoliberalismus schützt niemanden, kennt keine bevorzugten Gruppen, die einer besonderen Behandlung bedürfen (»There is no thing like society«). Neoliberalismus setzt einfach auf das Durchsetzungsvermögen des Stärkeren in möglichst ungeregelten Märkten. Nicht umsonst hat Milton Friedman die Grundsicherung (über negative Einkommensteuern) miterfunden. Man erspart sich die Umverteilungsbürokratie und kommt zu einem schlanken Staat. Nichts, was der ÖVP ferner liegen könnte, denn die Grundsicherung lehnt sie ab, ein Abbau der Beamtenschaft kann angesichts deren sozialer Zusammensetzung nicht im ÖVP-Interesse liegen, und weniger Staat gibt es nur dort, wo damit Sozialdemokraten aus Machtpositionen verjagt werden konnten (etwa in der verstaatlichten Industrie).

Der ÖVP unter Wolfgang Schüssel ist es im Jahr 2000 gelungen, sich aus den Fesseln des sozialdemokratischen Koalitionspartners zu befreien. Das hat ihr ermöglicht, sich auch von jenem Begriff des »christlich-sozialen« freizuspielen, der auch Sozialdemokraten und Linksliberalen zugänglich ist. Sie hat sich in der Koalition mit den Freiheitlichen die Rückkehr zu einer genuin »christlich-sozialen« Politik sowohl im historischen Wortsinn als auch im Sinne der gültigen päpstlichen Enzykliken ermöglicht. Die ÖVP ist die Inkarnation moderner »christlich-sozialer« Politik. Mit dem, was man sich in der Bevölkerung darunter vorstellt, hat das allerdings wie dargestellt nichts zu tun. Es ist eine Ironie der Geschichte, dass es gerade eine radikal antikatholische Partei, nämlich die deutsch-national und antiklerikal geprägte

FPÖ, der ÖVP ermöglicht hat, wieder die geistige Kontinuität zum klerikal-faschistischen Dollfuß-Regime herzustellen. Erst hierin lässt sich eigentlich ermessen, welche grandiose Mesalliance diese Verbindung vom ersten Tag an war.

Wollte man die ÖVP heute kurz und bündig charakterisieren – und wir sprechen hier von der ÖVP, wie sie vor allem von Andreas Khol und Wolfgang Schüssel in den letzten Jahren positioniert worden ist – könnte man sagen: Dollfuß minus Diktatur plus eine Prise Wirtschaftsliberalismus zuzüglich der Wahrung von Standesinteressen ÖVP-naher Kreise. Dass die ÖVP diesem Gedanken etwas abgewinnen kann, lässt sich aus der ungebrochenen Verehrung für diesen Vorläufer schließen: Dollfuß-Bild im ÖVP-Klub, Dollfuß-Messen zum Todestag und die Erklärung von Andreas Khol, es handle sich bei Dollfuß um einen großen Patrioten, quasi das erste österreichische Opfer Hitlers.

Dass angesichts dieser ideologischen Ausstattung die Erfolge der Regierung Schüssel in einem überschaubaren Rahmen geblieben sind, kann niemanden wundern. Viel mehr als ein wenig Klientel-Politik und eine misslungene Pensionsreform war da nicht zu erwarten, und es sollte sich niemand der Hoffnung hingeben, dass seitens der ÖVP für die nächsten Jahre auch nur eine wirklich gute Idee zur Lösung eines grundlegenden Problems zu erwarten ist. Egal ob diese Partei in der Regierung sitzt, auf der Oppositionsbank lümmelt oder in sonst einer Konstellation im Parlament Platz nimmt: Nach 20 Jahren ununterbrochener Regierungstätigkeit hat diese Partei keine Veränderungsperspektive mehr. Die großen Probleme wird die Globalisierung schon lösen, und wenn nicht – eine kuschelige Ecke für die eigene Klientel wird sich im kleinen Österreich irgendwie finden lassen. Für den Rest der Bevölkerung war in der göttlichen Ordnung der Dinge eben kein besserer Platz vorgesehen als die ungesunde Zugluft der Globalisierung.

Wer wundert sich also noch darüber, dass die ÖVP zwar alle vier Jahre das Volk beschwört, sie doch zu wählen, ihm aber zwischen den Wahlen lieber aus dem Weg geht (und für die Zukunft plant, ihm fünf Jahre aus dem Weg zu gehen). Ist es doch schon schlimm genug, auf die Stimmen von Hinz und Kunz angewiesen zu sein. Ihnen aber auch noch auf Schritt und Tritt zu begegnen kann nicht im Sinne einer höheren Ordnung sein.

Auf der Alm

Dramolett

Eine Alm. Wabernde Morgennebel. Eine Kuh verrichtet ihr morgendliches Geschäft. Die Kuhflade ist am Dampfen.

Zwei Wanderer queren aus unterschiedlichen Richtungen die Alm. Sie treffen genau über der Kuhflade aufeinander.

Der Erste: Halt, steig net rein! (*Er hindert den zweiten Wanderer mit ausgestreckten Händen am Weitergehen.)*
Der Zweite: Spinnst? Warum soll ich net reinsteigen?
Der Erste: Weils a Kuhflade ist!
Der Zweite: Geh, Blödsinn, des is a Schokolade!
Er bückt sich zu dem braunen Haufen am Almboden. Mit dem Zeigefinger fährt er beherzt in die dampfende Masse, richtet sich wieder auf und schleckt genüsslich seinen Finger ab: Schokolade, was ich sag!
Der Erste macht es ihm nach: Mi reckts! Das is Scheiße! A Kuhflade, pfui Teufl!
Der Zweite kostet nochmals, ein wenig unsicher: I weiß net, des is a Schokolade!
Auch der Erste kostet nochmals, krümmt sich: Na, mi reckts total! Kuhscheiße!
Der zweite wirkt ziemlich unsicher, kostet noch einmal, schlürft, schmatzt, spuckt aus: Pfui, du hast recht. Des is a Kuhflade.

Die beiden Wanderer umarmen einander glücklich, wechselseitiges Schulterklopfen.

Im Abgehen beide: Samma froh, dass ma net reingstiegen sind!

Eine Alm. Wabernde Morgennebel. Eine Kuh.

Das war die Sozialdemokratie

Was ist ein Sozialdemokrat?
Ein Neoliberaler, der es noch nicht weiß.
Das berüchtigte Schröder-Blair-Papier von 1999 ist der beste Beweis für diesen Scherz, und man könnte es bei diesem Scherz belassen, bestünde die Sozialdemokratie nur aus Erscheinungen wie Blair oder Schröder.

Einerseits werden in diesem Papier die Werte der Sozialdemokratie beschworen, andererseits ist das ganze Papier ein Kniefall vor den religiösen Mantren des Neoliberalismus. Man habe den Sozialstaat überfordert, sei bei den Versuchen, Marktversagen zu korrigieren, zu weit gegangen, habe durch zu hohe Sozialleistungen die Arbeitskraft zu teuer gemacht. Man verabschiedet die bisherigen Instrumente sozialdemokratischer Politik, ohne neue anzubieten, vielmehr werden die bekannten neoliberalen Leitsätze nun als »Dritter Weg« verkauft. Neben der geradezu geisterhaften Beschwörung der alten Ideale der Solidarität erscheinen die angebotenen radikal marktwirtschaftlich orientierten Instrumente paradox. Die Welt und die ökonomischen Rahmenbedingungen werden widerspruchslos akzeptiert, als ob es sich um Naturgesetze handeln würde und nicht um Gesetze, die von Menschen ersonnen und von der Politik durchgesetzt worden sind. Kein Wunder also, dass der Vorsitzende der FDP überrascht konstatierte, er hätte ein solches Papier nicht besser formulieren können. Überall ist von »modern« und »innovativ« die Rede, die Sprache selbst klingt, als ob sie aus einer Denkfabrik der Werbebranche kommen würde. Insbesondere der totalen Flexibilität der Arbeitskraft wird hier das Wort geredet – der Mensch tritt zurück hinter seine Funktion als jederzeit verfügbare Arbeitskraft. Dass gleichzeitig die Werte der Familie betont werden, ist ebenfalls nicht neu. Auch die Konservativen weisen gerne mit der einen Hand auf diese Werte, während sie mit der anderen alle Schranken innerhalb derer Familien erst funktionieren, niederreißen. Wissenschaft und Forschung werden nur unter dem Aspekt ihrer Wirtschaftlichkeit gesehen, ihre einzige Aufgabe ist es, Wachstum zu fördern.

Gleichzeitig wird die Einführung eines Niedriglohnsektors befürwortet, ohne zu bedenken, welcher Druck damit auf die Lohngestaltung des »regulären« Arbeitsmarkts ausgeübt würde. Dauernd wird beteuert, dass der »Dritte Weg« ein Weg jenseits der Ideologie sei. Gröberer Unsinn lässt sich kaum behaupten. Wenn ein Strategie-Papier die soziale Wirklichkeit völlig ausblendet und noch dazu verschleiert, wessen Interessen es wirklich dient (nämlich denen der global agierenden Großindustrie), dann verdient dieses Papier nur eine Bezeichnung: ideologisch.

Das Schröder-Blair-Papier ist einerseits Kapitulationserklärung und andererseits Rechtfertigungspapier. Es kapituliert vor der Aufgabe, die Rahmenbedingungen zu ändern und versucht gleichzeitig zu rechtfertigen, dass nicht durchgeknallte Neoliberale den Unfug beschlossen haben, der sich wie geschmolzener, übel riechender Käse durch die EU-Verträge sowie diverse EU-Erklärungen und Erlässe zieht. Die am stärksten mit sozialdemokratischen Zielen kollidierenden

Maßnahmen wurden von einer EU beschlossen, in der die europäischen Sozialdemokraten eine erdrückende Mehrheit hatten. Die Sozialdemokratie hatte ihre Rolle als Arzt am Bett des Kapitalismus aufgegeben und sich lieber zum Patienten ins Bett gelegt. Also kann es niemanden überraschen, dass sie nun selbst krank darnieder liegt.

Um 1930 hatte der deutsche Gewerkschafter und Sozialdemokrat Fritz Tarnow die These formuliert, die Sozialdemokratie müsse die Rolle »des Arztes am Krankenbett des Kapitalismus« übernehmen, da dieser selbst nicht in der Lage sei, die Massenarmut zu verhindern.

Der Vorwurf, dass sie mit solchen Überlegungen das Konzept einer sozialistischen Gesellschaft über Bord geworfen habe, ist zutreffend. Die Gegenfrage ist: Gab es ein anderes, erfolgversprechenderes Konzept? War es sinnvoll, die im Elend lebenden Massen auf einen fernen Sozialismus zu vertrösten, wie es die Religionen mit ihren Verweisen auf ein besseres Jenseits tun? Oder war es nicht doch klüger, den Menschen im Hier und Jetzt Erleichterung zu verschaffen? Die damalige Antwort der Sozialdemokratie war klar: Verbesserungen hier und jetzt. Nach 1945 zeigte sich, dass die Entscheidung der Sozialdemokratie für Reformen eine höchst erfolgreiche war. Kein Gesellschaftsmodell der Geschichte hatte bisher in so großem Maß Armut und Elend beseitigt wie die Sozialdemokratisierung der Gesellschaft mittels permanenter Reformen mit einer unaufhörlichen Politik kleiner Schritte.

In dieser Zeit waren praktisch alle demokratischen Parteien Europas mehr oder weniger »sozialdemokratoid« – und heute erleben wir das Gegenteil: Alle sind mehr oder weniger vom Neoliberalismus angekränkelt.

Die Sozialdemokratie versagt als Arzt am Bett des Patienten Kapitalismus, sie ist Kurpfuscher unter anderen Kurpfuschern geworden, eine Personalunion aus Arzt und Patient. Es ist zweifelhaft, ob sie überhaupt schon erkannt hat, dass das, was sich da im Bett krümmt, ein Patient ist, der einer gründlichen Behandlung bedarf. Das Schröder-Blair-Papier ist zwar in der Rundablage gelandet, das ändert aber nichts daran, dass wesentliche Ideen in den Führungen der sozialdemokratischen Parteien in nur leicht abgemilderter Form weiterleben.

Denn das Rezept der Sozialdemokratie ist es, von allem ein bisschen weniger zu geben: Nicht die Arznei als solche steht in Frage, sondern bloß ihre Dosierung. Die Sozialdemokratie will alles immer ein wenig sanfter angehen: Privatisierung ja, aber ein bisserl weniger; Sozialabbau, ja, aber nicht ganz so brutal; Deregulierung, ja, aber nicht ganz so schnell. Die Sozialdemokratie ist die Partei der geringeren Dosierung. Während die extremistischen Wirtschaftsliberalen sich an die Devise mittelalterlicher Quacksalber halten, und dem ohnedies schon leichenblass daniederliegenden Patienten in immer kürzerer Folge den Aderlass verschreiben. Inzwischen verröchelt der Patient, blutet aus, das Gift durchdringt den ganzen Körper, Systemversagen nicht ausgeschlossen.

Wenn wir uns die beiden Wanderer im vorangesellten Dramolett als Sozialdemokraten vorstellen und die Kuhflade als Neoliberalismus, dann erhalten wir ein stimmiges Bild des Verhältnisses zwischen diesen beiden politischen

Strömungen. Die Sozialdemokratie kostet von der Scheiße, manche halten sie sogar für Schokolade, aber irgendwie ist man froh, nicht voll hineingetreten zu sein.

Ihre Aufgabe als Arzt am Bett des Kapitalismus erfüllt die Sozialdemokratie nicht mehr. Sie hat kein eigenes Behandlungskonzept entwickelt. Merkwürdig bleibt nur, dass die neomarxistische Linke der 1970er Jahre sich lächerlich gemacht hatte, indem sie unentwegt den unvermeidbaren Zusammenbruch des Kapitalismus vorhersagte und dessen immanente Krisenanfälligkeit beschwor, während rundum der Wohlstand blühte, die Sozialdemokratien Europas die Sozialsysteme perfektionierten, und die Arbeiterschaft im Bewusstsein lebte, es irgendwie geschafft zu haben. Las man jedoch die damaligen Schriften über den in den letzten Zuckungen sich windenden Spätkapitalismus, wähnte man sich in einer anderen Welt.

Die orthodoxe Analyse schrieb vor, dass der fortschreitende Kapitalismus unvermeidlich, immerzu und ausnahmslos massenhaftes Elend schuf. Phasen allgemeiner Prosperität waren nicht vorgesehen. Es herrschte die Ansicht vor, es handle sich um eine Scheinblüte. Man traute dem Wohlstand nicht. Offenbar war die Arbeiterklasse in Europa einfach nicht gewillt zur Kenntnis zu nehmen, dass sie der Lehre folgend im Elend lebte, egal wie die wirklichen Lebensumstände waren. Man warf dieser Arbeiterklasse sogar »kollektiv« vor, vom Kapitalismus korrumpiert zu sein. Eine seltsame Logik: Die Errungenschaften jener Klasse, für deren Vorhut man sich hielt, als Korrumpierung darzustellen. Aber eine Arbeiterschaft, die nicht bereit war, in den

Dutzenden rivalisierenden marxistischen Sekten den Kern jener neuen, revolutionären Arbeiterpartei zu erkennen, die sie aus dem Elend in den Sozialismus führen würde, eine solche Arbeiterschaft konnte nur verkleinbürgerlicht und vom Kapital gekauft sein.

Am Höhepunkt der Wohlstandsentwicklung nach 1945 war die Linke nicht bereit und in der Lage, ihre Theorien den neuen Gegebenheiten anzupassen. Es herrschte eine ziemlich platte Interpretation des ohnehin schon durch Lenin entstellten Marxismus vor.

So operierte die Linke innerhalb und außerhalb der Sozialdemokratie mit Theoriemodellen, die keineswegs in der Lage waren, die Wirklichkeit auch nur annähernd zu beschreiben. Jene Teile der Sozialdemokratie, die eher praxisorientierte Thesen suchten, fanden in John Maynard Keynes ihren neuen Säulenheiligen. Die große Zeit gezielter Konjunkturpolitik war angebrochen. Keynes hatte für Politiker den wunderbaren Vorzug, unmittelbar anwendbare Thesen geliefert zu haben. Im Abschwung sollte der Staat investieren und damit Nachfrage erzeugen. Im Aufschwung hält der Staat sich mit Aufträgen und Ausgaben zurück, saniert das Budget, um im nächsten Abschwung wieder einen finanziellen Spielraum zu haben. (Wobei einem bewusst sein muss, dass das von Keynes so nie formuliert worden ist. Keynes sah das Problem wesentlich diffiziler. Aufgrund der prinzipiell nicht erkennbaren Zukunft, sind private Investitionen mit einem hohen irrationalen Faktor behaftet, schwanken also stark. Aufgabe des Staates ist es, die Nachfrage langfristig durch dauernde Investitionen zu stabilisieren, von der Irrationalität der privaten Investitionen unabhängig zu machen. Man findet daher bei Keynes auch keine Theorie eines »ausgeglichenen Budgets über den Konjunkturverlauf«, wie sie vor allem von der Sozialdemokratie als Gegenmodell zum Kaputtsparen im Neoliberalismus propagiert wird. (In Wahrheit ist auch dieses Modell angewandte neoliberale Budgetpolitik und Teil der EU-Wirtschaftspolitik.)

Leider wurden bei dieser Idee zwei Dinge übersehen. Erstens: Politik wird von Menschen gemacht, die auch wiedergewählt werden wollen. Zweitens: Das Konzept funktioniert nur bei einem ganz bestimmten Konjunkturverlauf, nämlich dann, wenn die Gesamtwirtschaft sich über mehrere Konjunkturzyklen hinweg tendenziell im Aufschwung befindet.

Der erste Punkt ist schnell erklärt: Es stellte sich bald heraus, dass Politiker die Wirtschaft nicht dann ankurbeln, wenn aufgrund des privaten Nachfragemangels ein Abschwung droht, sondern am liebsten dann, wenn Wahlen anstehen. Nichts ist schöner für eine Regierung, als wenn vor der Wahl der Wirtschaftsmotor satt brummt. Kein Politiker wird auf die Wahnsinnsidee kommen, in Wahljahren öffentliche Investitionen zurückzufahren oder Steuern zu erhöhen, weil die Konjunktur gerade so schön im Laufen ist. Das Lehrbuch sieht in diesem Fall eben vor, dass man die Mittel für den nächsten Abschwung einsammelt. Da sich die Wahltermine aber nicht an den Lauf der Konjunkturzyklen gewöhnen wollen, und die Konjunkturzyklen nicht bereit sind, sich an den Rhythmus der Wahlen anzupassen, erfolgen die konjunkturellen Maßnahmen meist zum falschen Zeitpunkt.

Die ÖVP des Jahres 2000 demonstrierte dies exemplarisch. Gleich zu Beginn der Legislaturperiode schröpfte man die Bürger mit Pensionsreformen und unzähligen Gebührenerhöhungen. Alles unter dem noch dümmeren Titel »Null-Defizit«. Blöderweise geschah dies zu einem Zeitpunkt, da die Konjunktur schon schlecht lief. Man gab ihr steuerpolitisch so zu sagen den letzten Tritt, damit sie endlich strauchelte. Zu allem Überfluss erfolgte diese haarsträubend falsche Politik noch im europäischen Gleichschritt, da alle Mitgliedsstaaten der EU den Maastricht-Kriterien folgend gleichzeitig und mitten in den Abschwung hinein begannen, ihre Budgets zu »konsolidieren«. Das hatte nichts mit vernünftiger Wirtschaftspolitik zu tun, sondern eher etwas mit quasireligiösen Bekenntnissen, ein Mittelding zwischen Teufelsaustreibung und Hexenverbrennung. Bloß die durch die Lande ziehenden Dominikaner-Patres in ihren schwarzweißen Kutten fehlten.

Es gibt mit der Keynes'schen Konjunkturpolitik leider auch noch das angesprochene grundsätzliche Problem. Seit der Ölkrise der 1970er Jahre befindet sich die Weltwirtschaft in einer Entwicklung, die dazu führt, dass sich am Ende jedes Wachstumsschubs die Sockelarbeitslosigkeit erhöht hat. Das war im System von Keynes nicht vorgesehen. Seit der explosionsartigen Erhöhung der Produktivität durch die technisch-industrielle Revolution der Mikroelektronik stieg mit jedem Konjunkturzyklus die Arbeitslosigkeit an. Es entstand die Situation, dass es eigentlich keinen geeigneten Moment mehr gab, um die staatlichen Investitionen wieder zu kürzen, weil dies sofort negativ auf den Arbeitsmarkt durchschlug. Der private Sektor schuf auch im Wirtschaftsaufschwung nicht so viele neue Arbeitsplätze, wie im vorhergehenden Abschwung vernichtet worden waren. Bis etwa 1975 hatte man noch Teile der Produktivitätssteigerung mit verschiedenen Formen der Arbeitszeitverkürzung aufgefangen, nämlich kürzere Wochenarbeitszeit, längerer Urlaub, früherer Pensionsantritt. Nun aber kam die Arbeitszeitverkürzung zum Stillstand, unter anderem durch das langsame Einsickern neoliberaler Ideen in den wirtschaftspolitischen Diskurs. Die so genannten Chicago-Boys (also der Wirtschaftsnobelpreisträger Milton Friedman und seine Schüler) beschritten immer erfolgreicher ihren Weg durch die Institutionen und Denkfabriken der westlichen Industriestaaten.

Dazu kam, dass Keynes in seinen Theorien die Frage der Geldwertstabilität, die Frage der Preise also, links liegen gelassen und damit Friedman und Co. eine breite Angriffsschneise geöffnet hatte. Durch die permanente staatliche Investitionsankurbelung entstanden tendenziell immer höhere Inflationsraten, eine Entwicklung, die den Interessen des Finanzkapitals entgegenlief, das naturgemäß an stabilen Preisentwicklungen und nicht an Arbeitsplätzen interessiert war. Friedmans Theorie der Geldmengensteuerung führte dazu, dass die Inflationsraten gesenkt und die Preise stabilisiert werden konnten – um den Preis steigender Arbeitslosigkeit. Die Interessen des toten Kapitals, also vereinfacht gesagt der angehäuften Geldmenge, waren wieder einmal mächtiger als die Interessen des lebenden Kapitals, also der Arbeitskräfte.

Der Zusammenprall der immer höheren Produktivität mit den zunehmend gesättigten Märkten bei gleichzeitigem Stopp der

Arbeitszeitverkürzung ergab ein gefährliches Gebräu, das die vorherrschenden wirtschaftspolitischen Dogmen der Sozialdemokratie massiv erschütterte. Auf diese Situation hatte der sozialdemokratisch geprägte Staats-Keynesianismus keine Antwort. Es rächte sich, dass die Sozialdemokratie und die Linke insgesamt darauf verzichtet hatten, die eigenen Instrumente der ökonomischen Analyse weiterzuentwickeln.

Bemerkenswerterweise stellt sich gerade heute, im Zeitalter einer immer unübersichtlicher und undurchschaubarer werdenden globalen Entwicklung heraus, dass die Analysewerkzeuge von Karl Marx so schlecht nicht gewesen sind – während gleichzeitig evident ist, dass die alten, orthodox-marxistisch inspirierten Lösungsansätze ebenso untauglich sind, wie die von Keynes beeinflussten sozialdemokratischen.

Es ist interessant zu beobachten, dass die Analysewerkzeuge meist besser sind und die Zeiten besser überdauern, als die zugehörigen Lösungsvorschläge. Wenn Adam Smith beschrieben hat, wie Märkte funktionieren, dann ist dem auch heute nichts hinzuzufügen. Dort aber, wo er sich von der Analyse des Offensichtlichen entfernte, lag und liegt er falsch. Man denke nur an die unsichtbar »ordnende Hand des Marktes«, die alles zum Guten fügt. Denn in der Tat ist die Bezeichnung »unsichtbar« gut gewählt – diese Hand wurde noch nie in der Wirtschaftsgeschichte gesichtet.

Man kann sagen, dass die ökonomische Theorie im Lauf der Jahrhunderte eine Menge sehr guter Beobachtungen geliefert hat. Gescheitert sind die Ökonomen in der Regel immer an der Umsetzung. Die meisten Rezepte funktionierten – wenn überhaupt – so nur vorübergehend. Vermutlich liegt dies an der extrem dynamischen Entwicklung des Kapitalismus. Während seine Grundregeln sich seit den ersten kapitalistischen Urformen kaum verändert haben, ist der Kapitalismus in seiner Gesamtheit immer komplexer und unüberschaubarer geworden. Dadurch, dass die wenigen und eigentlich simplen Axiome des Kapitalkreislaufs immer größere Ökonomien erfasst haben, neue Erdteile eroberten, immer mehr Menschen erfassten, und heute selbst im letzten Zipfel der Welt regieren, wurde eine Komplexität erreicht, die nach neuen Instrumenten der Steuerung verlangt und nicht etwa den Verzicht auf selbige, wie es das Schröder-Blair-Papier suggeriert.

Es ist etwa eine geradezu naiv-romantische Illusion, wenn jemand glaubt, man könnte zur alten Form der Regulierung der internationalen Währungsströme zurückkehren, wie sie zu Zeiten der Gültigkeit des Abkommens von Bretton Woods (New Hampshire, USA) von 1944 bis in die 1970er Jahre funktionierte. Dass durch die neuen Technologien der internationalen Vernetzung der Börsen und Märkte Milliarden-Transaktionen innerhalb weniger Sekunden durchgeführt werden können, ändert nichts an der Funktionsweise von Marktgesetzen, verändert aber ihre Komplexität und erschwert so die Analyse ihres Zusammenwirkens und der Folgen.

Die Sozialdemokratie – und die Linke insgesamt – steht vor der Aufgabe, ihre Analyse-Instrumente grundlegend zu erneuern, und ihr ökonomisches Handwerkszeug auf die neuen Anforderungen hin auszurichten. Allerdings betrifft das nicht sie allein: Das bloße Nachahmen paläo-liberaler Ideen im Mäntelchen des Neoliberalismus oder gar eines angeblich sozialdemokratischen »Dritten Weges« wird niemanden weiterbringen – weder die Konservativen, noch die Liberalen, noch die Sozialdemokratie. Denn man sollte nie vergessen, dass auch Marx auf den Schultern »bürgerlicher« Theoretiker stand. Ihre Analysen waren so unterschiedlich nicht. Bloß die Rezeptur war anders. Und am erfolgreichsten durchgesetzt haben sich stets jene Theorien, denen es gelang, die »Diskurs-Hoheit« zu erringen. Seit 30 Jahren ist das leider die Neuauflage von Ideen, die bereits vor 200 Jahren im Manchester-Liberalismus gescheitert sind; in einer Wiederbelebung genau jener menschenfeindlichen Ideen, die im 19. Jahrhundert die Entstehung einer politischen Arbeiterbewegung geradezu provoziert haben. Dass diese Ideen heute wieder dabei sind, auf grandiose Art widerlegt zu werden, wird den Menschen erst langsam bewusst. Umso mehr braucht es eine neue Sozialdemokratisierung der Wirtschaftspolitik im internationalen Maßstab. Die Instrumente dazu müssen wohl erst entwickelt werden. Es ist das große Versäumnis der Sozialdemokratie und der »Linken« im Allgemeinen, ihre eigenen Instrumente nicht auf dem letzten Stand gehalten zu haben. Nur so ist zu erklären, dass nun, da klar wird, dass der entfesselte Kapitalismus der Gegenwart kein einziges Problem löst, aber viele neue schafft, die Sozialdemokratie ihr Heil darin sieht, sich neoliberaler Folterwerkzeuge zu bedienen.

Die vor Kurzem erschienenen Erinnerungen des Ex-Bundeskanzlers und ehemaligen SPD-Chefs Gerhard Schröder sind diesbezüglich ein einzigartiger Offenbarungseid. Dass Schröder die sozialen Auswirkungen seiner Agenda 2010 nicht versteht, wundert niemanden. Aber dass er in diesem

Buch keinen einzigen politischen Gedanken zu Papier bringt, ist ebenso erstaunlich wie die Tatsache, dass er nicht einmal ansatzweise versucht, Hartz IV in ein Konzept der sozialen Weiterentwicklung einzubinden und so zu rechtfertigen. Schröder unterlässt dies nicht deshalb, weil es etwa denkunmöglich wäre, sondern weil ihm jeder Wille fehlt, politisch zu argumentieren. In dem umfangreichen Buch beschränkt er sich darauf, die Mechanismen der Macht zu beschreiben und zu beschwören. Sein ganzes Denken kreist um das »Wie« der Macht, er verliert kein Wort über das »Wozu« derselben.

Wenn Franz Müntefering, Kurzzeit-Vorsitzender der SPD und nunmehr Vizekanzler der großen Koalition in Deutschland, noch 2005 im Wahlkampf von »Heuschrecken« und »Heuschrecken-Kapitalismus« sprach, um damit bei den eigenen Wählern die Illusion hervorzurufen, die SPD führe einen »antikapitalistischen« Wahlkampf, so weiß man heute, dass es sich dabei um ein gigantisches Täuschungsmanöver gehandelt hat. Denn an der Agenda 2010, einem riesigen Programm zum Sozialabbau mittels der so genannten Hartz IV-Maßnahmen, hat sich nichts geändert. Dieses Maßnahmenpaket ist neoklassisch-liberale Politik. Wie an der Politik von Ronald Reagan und Margaret Thatcher gezeigt werden kann, führen diese Maßnahmen nach einem kurzzeitigen Anstieg der Arbeitslosigkeit zwar zu einer Zunahme der Arbeitsplätze, allerdings um den Preis sinkender Einkommen der Lohnabhängigen, und damit letztlich zu einer starken Verarmung bereits benachteiligter Schichten, sowie in weiterer Folge zu einem Aushungern des Mittelstandes.

Besonders zynisch ist, dass diese Maßnahmen von Leuten ausgearbeitet worden sind, die heute in Deutschland wegen finanzieller Malversationen gerichtlich verfolgt werden. Wir sprechen von Millionenbeträgen, mit denen Betriebsräte bestochen und gekauft worden sind. Die zentrale Schaltstelle für diese Vorgänge im Volkswagenkonzern war Peter Hartz, dessen Name für eine »innovative« Arbeitsmarktpolitik stehen soll. Dass genau so jemand, der für Millionenzuwendungen an Betriebsräte mitverantwortlich ist und der Hunderttausende Euro mit Prostituierten verprasste, von der deutschen Sozialdemokratie auserkoren wurde, federführend ein Konzept zu erstellen, das die Sozialhilfe absenkt und »Zumutbarkeitsgrenzen« für Arbeitslose festlegt, zeigt, wie weit sich Teile der Sozialdemokratie von den wahren Problemen der Menschen entfernt haben – und wie ahnungslos viele ihrer führenden Politiker heute sind, wenn es um Fragen realer Armut geht.

Es ist also nicht besonders überraschend, wenn jener Müntefering, der eben noch in einem Wahlkampf über die Heuschrecken hergezogen ist, nun erkennt: »Es gibt keine Ober- und Unterschichten, sondern es ist eine Gesellschaft.« Wenn man diesen Satz genau untersucht, wird man feststellen, dass das nicht weit weg ist von Thatchers Diktum »There is no thing like society.« Dass Müntefering jetzt auch noch selbst den Anstoß gab, das Pensionsalter auf 67 Jahre hinaufzusetzen, lässt einen fragen, ob die SPD noch alle Sinne beisammen hat. (Die selbe Frage muss man natürlich auch der SPÖ stellen, wenn der von ihr gestellte Sozialminister, eher dem linken Flügel zuzurechnen und nur wenige Monate im Amt, ebenfalls bereits von einer Hinaufsetzung des Pensionsantrittsalters spricht.) Ob die derzeit gemeinsam mit der ÖVP in der großen Koalition geplante »bedarfsorientierte Grundsicherung« mehr ist, als eine Sanierungsaktion von Bund, Ländern und Gemeinden auf Kosten der ohnedies bereits ärmsten Schichten des Landes? Es wird an der SPÖ liegen, den praktischen Nachweis zu erbringen, dass es sich hier nicht um ein wirtschaftsliberales Folterinstrument der Marke Hartz IV handelt. Immerhin hat man sich im letzten Wahlkampf als »Sozialfighter« dargestellt und die Wahl unter anderem auch deshalb gewonnen, weil man versprochen hatte, für mehr soziale Gerechtigkeit zu sorgen. Davon ist momentan allerdings nicht viel zu sehen. Denn den Studenten die atemberaubende Summe von sechs Euro Stundenlohn für Sozialarbeit zwecks Abarbeitung der Studiengebühr anzubieten, ist an sich schon erstaunlich. Dass damit aber auch eine Dumping-Lohnkonkurrenz gefördert wird, davon spricht niemand. Es geht einfach um das neoliberale Prinzip, dass keine Leistung gratis sein soll. Dazu der idiotische Slogan: »Was nichts kostet, ist nichts wert.« Auf diesen kurzen Nenner kann man das bringen, was das Wesen des Fetischcharakters der Ware ausmacht. Der Verkehrswert dominiert den Gebrauchswert, macht ihn in letzter Konsequenz sogar überflüssig. Der einzige Gebrauchswert des Kapitals liegt darin, Verkehrswert zu sein.

Die Sozialdemokratie Europas steht in den nächsten Jahren an einer entscheidenden Weggabelung: Wenn sie sich nicht dazu durchringen kann, koordiniert und auf europäischer Ebene endlich einen Angriff auf all den neoliberalen Unsinn zu starten, der auch in ihrem Namen beschlossen worden ist, wird sich wohl oder übel eine neue soziale Bewegung entwickeln müssen, die den Bedürfnissen der Mehrheit der arbeitenden Bevölkerung einen größeren Stellenwert einräumt, als den Bedürfnissen des Zinsen suchenden Kapitals. Die europäische Sozialdemokratie wird begreifen müssen, dass all die Abmachungen und Beschlüsse, ob sie nun Maastricht-Kriterien oder Lissabon-Strategie heißen, neoliberale Irrwege sind, die bis jetzt nur zu einem geführt haben: einer Zunahme der Armut in Europa. Denn wenn heute in Deutschland (und die österreichischen Zahlen sehen im Prinzip nicht viel anders aus) 26 Millionen Steuerzahlern bereits 28,5 Millionen »Transferleistungsempfänger« gegenüberstehen, dann ist das ein Armutszeugnis im wahrsten Sinn dieses Wortes. Diese Zahl sagt nämlich nicht etwa aus, dass der Sozialstaat zu umfassend geworden ist, sondern ist ein stummer, mahnender Zeuge dafür, dass in einem der reichsten Länder der Welt nicht mehr genug Lohneinkommen zur Verfügung steht, von dem die auf ihre Arbeitskraft angewiesenen Menschen leben könnten.

Eine Sozialdemokratie, die diese Frage nicht zum zentralen, europäischen Thema macht, hat ihre Daseinsberechtigung verloren. An diesen Vorgaben gemessen, ist die Koalitionsvereinbarung in Österreich zwischen SPÖ und ÖVP eine sozialdemokratische Kapitulationserklärung und ein weiteres, demütigendes Unterwerfungsritual unter die herrschenden Dogmen des Neoliberalismus. Die rechts-rechtsaußen Politik der ÖVP wird von einem sozialdemokratischen Kanzler nur ein klein wenig abgeschwächt weitergeführt. Die Ergebnisse werden für die Sozialdemokratie von katastrophaler Dimension sein, wenn es nicht gelingt, in der praktischen Regierungsarbeit zu einer gänzlich anderen Politik zu gelangen. Danach sieht es aber nicht aus. Wie sollte, wer sich schon in Verhandlungen kaum durchsetzt, in der praktischen Umsetzung Korrekturen anbringen können?

(Anmerkung: Eine kleine Relativierung sei insofern gewagt, als das Verhandlungsergebnis den Machtverhältnissen im Parlament entspricht. Man kann es als Fortschritt betrachten, dass zumindest die schmissigsten Erscheinungen der Politfauna nicht mehr in der Regierung sitzen und Österreich repräsentieren. Eine Wende wie 2000 ist das aber nicht.)

Halloween Economics – Ein Gespenst geht um in Europa

Ein Gespenst geht um in Europa – das Gespenst des Neoliberalismus. Die neoliberalen Politiker verschmähen es, ihre Absichten offen zu deklarieren. Es gibt Parteien mit stark ausgeprägten neoliberalen Zügen, aber keine bekennt sich offen zu den Zielen des extremistischen Wirtschaftsliberalismus. Neoliberal angehaucht sind alle. Hinterrücks nimmt man zwar kräftige Züge aus dem mit Whisky gefüllten Flachmann, coram publico aber kippt man bescheiden ein kleines Stamperl volkstümlichen Obstlers.

In Österreich kommt noch ein ganz spezifisches Problem hinzu: Es gibt keine liberale Partei. Während die deutsche FDP als wirtschaftsliberale Partei erkennbar ist (das gesellschaftsliberale Profil ist in den 16 Jahren Koalition mit Helmut Kohl verblasst), gab es in Österreich seit 1945 fast immer nur eine Partei, die sich auf den Liberalismus berufen hat: die Freiheitliche Partei Österreichs. Dieses Bekenntnis war ein zwiespältiges, da man sich auf die 1848er Revolution und ihre liberal-deutschnationalen Traditionen bezog. So wurde mühsam kaschiert, dass man eher deutschnational als liberal war, ein Sammelbecken von Ehemaligen mit ein paar pseudoliberalen Tupfern. Daran hat sich auch seit der Abspaltung des Haider-Flügels in Form des BZÖ (Bündnis Zukunft Österreich) nichts geändert. Die beiden Parteien unterscheiden sich nur in Nuancen und liefern keinen Beitrag zum Liberalismus in Österreich.

Den einzig ernsthaften Versuch, hierzulande eine liberale Partei zu etablieren, stellte die Abspaltung einiger FPÖ-Abgeordneter unter Heide Schmid im Jahr 1993 dar, als das Liberale Forum (LIF) gegründet wurde. Der Anspruch bestand darin, sowohl ungebrochen wirtschaftsliberal als auch gesellschaftsliberal zu sein. Gelungen ist jedoch lediglich der Nachweis, dass diese beiden Positionen nicht kompatibel sind. Das hat schon die FDP in Deutschland unter Kohl erleben müssen, die im Lauf der eineinhalb Jahrzehnte währenden Koalition mit CDU und CSU auf ihr wirtschaftsliberales Erbe reduziert wurde.

Hierzulande musste das LIF erkennen, dass wirtschaftsliberale Positionen in der Wählerschaft kaum gefragt sind. Die großen Parteien praktizieren zwar viele neoliberale Details, aber sie können dies mit der öffentlichen Forcierung vieler anderer Themen überspielen. Im Notfall kann man noch immer auf Brüssel verweisen, ohne zu erwähnen, dass man das eben Kritisierte dort selbst mitbeschlossen hat. Würden jedoch ÖVP oder SPÖ mit wirtschaftsliberalen Themen werben, wäre der Misserfolg absehbar (die CDU und Angela Merkel haben das 2005 im bundesdeutschen Wahlkampf eindrucksvoll bewiesen). In der Öffentlichkeit wurde das LIF dann sowieso vorwiegend mit seinen gesellschaftsliberalen Positionen wahrgenommen – und die waren ebensowenig mehrheitsfähig. Denn gesellschaftsliberale Menschen sind in Österreich auch in den Großparteien vertreten. Später kamen noch Die Grünen hinzu, die ebenfalls Teile dieses Spektrums abdecken konnten. So blieb es dem LIF, das schon beim dritten Antreten zu Nationalratswahlen (1999) wieder aus dem Parlament flog, auch erspart, zu beweisen, dass diese beiden Richtungen des Liberalismus miteinander vereinbar sind. Die Geschichte des Liberalismus spricht gegen diese Möglichkeit. Ein unteilbarer Liberalismus ist ein Konstrukt, das noch nie funktioniert hat. Im Zweifelsfall blieb entweder die Wirtschaftsliberalität auf der Strecke (in sozialliberalen Koalitionen) oder die Gesellschaftsliberalität (in konservativ-liberalen Koalitionen).

Wenn wir also fragen, was denn nun eigentlich das Wesen des Neoliberalismus ist, so müssen wir uns darüber im Klaren sein, dass es sich hier weniger um eine Frage der Parteizugehörigkeit mit entsprechender Programmatik handelt, als um eine Strömung, die das Denken unserer Zeit über alle Parteigrenzen hinweg bestimmt. So wie das 20. Jahrhundert von Vielen als das »sozialdemokratische« definiert wird, weil keine Partei sich den Grundprinzipien sozialdemokratischer Politik entziehen konnte, so stehen wir am Beginn des 21. Jahrhunderts vor der Tatsache, dass es einen neoliberalen Zeitgeist gibt, der seit den 1970er Jahren langsam die Gesellschaft und unser aller Denken zu durchdringen begann.

Dieser neoliberale Zeitgeist ist weniger dadurch gekennzeichnet, dass er eine neue Theorie wäre. Fast nichts an ihm lässt sich nicht mindestens 200 Jahre zurückverfolgen. Viel typischer für den Neoliberalismus ist, dass er nicht – wie etwa der Sozialdemokratismus – das Ergebnis schwerer gesellschaftlicher Auseinandersetzungen ist. Jeder Millimeter sozialen Fortschritts wurde von den arbeitenden Massen erstreikt, erstritten, erkämpft. Die Geschichte des sozialen Fortschritts wurde mit Blut geschrieben, und erst in den kooperativ-kapitalistischen Nachkriegsgesellschaften Westeuropas durch den Klassenkampf im Verhandlungsraum ersetzt. Aber auch da stand im Hintergrund immer die Drohung, die Macht der Gewerkschaften einzusetzen, um bestimmte Ziele zu erreichen. Der Neoliberalismus jedoch kam auf leisen Pfoten herangeschlichen, wenn man vom Spezialfall Thatcher absieht. Aber in Großbritannien hatte sich auch nach dem Krieg eine eher atypische Situation ergeben, die sich stark vom restlichen Westeuropa unterschied: extrem ausgeprägtes Klassenbewusstsein auf beiden Seiten; der unbedingte Wille, die eigenen Ansichten rücksichtslos durchzusetzen; und ein Mehrheitswahlrecht, das auch einer gesellschaftlichen Minderheit die Möglichkeit gab, der Mehrheit ihren Willen aufzuzwingen.

Während lange Jahre hindurch dieses Spiel von Labour und den Trade Unions besser beherrscht worden ist, änderten sich die Kräfteverhältnisse mit dem Auftreten von Margaret Thatcher, nicht umsonst »Eiserne Lady« genannt, drastisch. Die Gewerkschaften waren nicht darauf eingestellt, mit einem Gegner konfrontiert zu werden, der es auf ihre Vernichtung abgesehen hatte. England war im europäischen Nachkriegswohlstand der große Nachzügler – neben anderen Gründen auch durch das undemokratische Mehrheitswahlsystem nach dem Motto »the winner takes it all«, das jeden vernünftigen Ansatz zur gesellschaftlichen Verständigung hintertrieb. Wenn es denn irgendeinen Verdienst von Tony Blair gibt, dann liegt er möglicherweise darin, erstmals in der englischen Nachkriegspolitik auf diese kräfteraubende Konfrontation verzichtet zu haben. Blair war seine eigene

Große Koalition – das ist der eigentliche (und einzige) Inhalt von New Labour.

Im Rest Europas sickerte der Neoliberalismus in kleinen Dosen in die Politik ein. Eine Politik übrigens, die schon viele Jahre vorher von einem gewissen George H. W. Bush sen., später US-Präsident, in einem Wahlkampf gegen Ronald Reagan als »Voodo-Economics« bezeichnet worden war. Dem Zeitgeist und der Weiterentwicklung der Konsumgesellschaft entsprechend könnte man heute also von »Halloween-Economics« reden, was ein gutes Sinnbild vor unserem geistigen Auge formt: Ausgehöhlte Kürbisköpfe klingen aneinander geschlagen nun einmal ähnlich hohl wie die meisten Leersätze dieser Theorie. Und in die des Fruchtfleisches beraubten Kürbisse passen nur kleine Lichter …

Die gesamte Politik der EU wurde also nach reichlich obskuren neoliberalen Grundsätzen ausgerichtet. Man orientierte sich an den Entwicklungen nach dem Zusammenbruch des Ostblocks und dem Wiedereintritt Chinas in den Weltmarkt. Die dabei entstehenden Verwerfungen wurden im Sinne des Neoliberalismus interpretiert, nämlich als unabwendbare Naturereignisse, gegen die man so wenig ankämpfen kann, wie gegen ein Hochwasser. Man meinte, mit dem Öffnen der Schleusen das Beste zu tun, und übersah dabei, was jeder bessere Schleusenwärter weiß: Im richtigen Takt des Öffnens und Schließens liegt die eigentliche Kunst. Das Wasser einfach nur durchfließen zu lassen führt zu katastrophalen Schäden.

Worin also besteht das Wesen des Neoliberalismus? Einerseits in einem Rückgriff auf beziehungsweise Rückfall in frühkapitalistische Produktionsweisen und Ausbeutungsverhältnisse. Wir haben es mit einer Art globalisiertem Manchester-Liberalismus zu tun und mit identen sozialen und ökologischen Folgen. Schon am Beginn des 20. Jahrhunderts konnte man erkennen, dass die Macht des Finanzkapitals jene des industriellen Kapitals zu übersteigen begann. Heute haben wir es mit einer grotesken Übermacht des Finanzkapitals zu tun, sodass das industrielle Kapital selbst der Diktatur des Finanzkapitals unterliegt. Das Finanzkapital hat sich von den realen Sachwerten emanzipiert und eine eigene Welt von virtuellen Werten geschaffen. Diese Entkoppelung von realen Güterwerten gepaart mit einer enormen Umlaufgeschwindigkeit erzeugt die bedrückende Macht des Finanzkapitals. Gleichzeitig ist das neoliberale Zeitalter dadurch gekennzeichnet, dass innerhalb des Finanzkapitals eine deutliche Machtverschiebung stattgefunden hat: weg von den traditionellen Universalbanken hin zu den unterschiedlichen Fonds und Investmentgesellschaften. In der ersten Ära des Finanzkapitals nach 1900 wedelte der Schwanz mit dem Hund, also das Finanzkapital mit dem Industriekapital. Heute muss man sich das so vorstellen, dass der Floh auf dem Hundeschwanz der Wedler ist.

In der Bibel heißt es: Das Wort ist Fleisch geworden. Im zeitgenössischen Finanzkapital ist die Fiktion von Geld zu fiktivem Fleisch geworden, es ist nicht Grund und Boden, nicht Fabrik und Arbeiter. Es ist Zwischenraum. Um mit Einstein zu sprechen, das moderne Finanzkapital ist die Gravitation, es verursacht die Krümmung des Raums und ist Herrin der verfließenden Zeit. Niemand versteht es wirklich, es übersteigt unsere Vorstellungskraft. Alle bekommen es zu spüren, aber es ist nichts, das in Form eines Realwertes existiert. Gehandelt wird mit Optionen auf Wetten auf Wetten. Das fehlinterpretierte Flackern eines Bildschirms auf der Börse von Singapur kann den Einbruch der Kakaopreise in Mittelamerika und damit den Zusammenbruch einer der dortigen Volkswirtschaften bewirken, ohne dass auch nur eine Bohne Kakao bewegt worden wäre, ohne dass auch nur ein Halm auf einer Plantage geknickt worden ist, ohne dass ein Frachter mit Kakaosäcken gesunken wäre. Es genügt die Fiktion der Möglichkeit, um ungeheure Geldbewegungen auszulösen. Das moderne Finanzkapital ist nur mehr Wetteinsatz. Es schafft keine Werte, kann aber real existierende Vermögen vernichten. Es pendelt zwischen Nullsummenspiel und systemischem Gesamtverlust. Eine win-win-Situation ist nicht vorgesehen. Es gibt immer Verlierer. Die Wette geht in letzter Konsequenz einzig um die Frage, ob das angehäufte Finanzkapital zu einem späteren Zeitpunkt in Realwerte eintauschbar sein wird, laienhaft gesagt: Ob diese fiktiven Buchgelder dereinst von realen Menschen in real konsumierbare Güter getauscht werden können oder nicht.

Weitere Merkmale dieser neoliberalen Welt sind der absolute Primat der Ökonomie über die Politik, und dass es den großen Kapitalgesellschaften endgültig gelungen ist, sich dem Zugriff des Nationalstaates zu entziehen. Hier hat sich Marx grandios geirrt, denn diejenigen, die keine Kapitaleigner sind, unterliegen noch immer den Beschränkungen des Nationalstaates und können auch nicht einfach nach China in die neuen Produktionszentren auswandern. Der Mehrheit der Arbeitskräfte ist für sich selbst sogar der Weg von Wien nach Bratislava oder von Berlin nach Warschau versperrt. Das Spiel funktioniert nur in die umgekehrte Richtung, vom Niedriglohnland ins Hochlohnland. Das Kapital ist der eigentliche vaterlandslose Geselle. Der arbeitende Mensch aber hat notgedrungen ein Vater- oder Mutterland. Denn dieser Mensch ist aus Fleisch und Blut, hat angeborene Empfindungen und Verhaltensweisen und ist schon aus emotionalen Gründen weitgehend ortsgebunden. Das Kapital hat kein Gefühl, keine Erinnerungen, keine Kindheit, und nur eine Erwartung, nämlich sich zu verzinsen.

Indem man jede Form von Devisenkontrolle aufgegeben hat, hat man endgültig und machtvoll den ortsfesten Arbeitskräften ein vagabundierendes Weltkapital gegenüber gestellt, das niemandem verpflichtet ist und nur einen Zwang kennt, sich stetig zu vermehren, koste es, was es wolle.

In Europa kommt noch eine neoliberale Besonderheit dazu. In einem gemeinsamen Zug der Lemminge haben sich die europäischen Gremien darauf eingeschworen, sich ausschließlich auf die Geldmengensteuerung zu fixieren, einen Unsinn, den nicht einmal die USA mitgemacht haben. Während der dortige Notenbank-Chef Alan Greenspan eine ziemlich pragmatische Geldpolitik betrieb (und damit wahrscheinlich sogar die Börsenblase Ende der 1990er Jahre mit verschuldete), erstickt die Europäische Zentralbank in den letzten zehn Jahren jeden Aufschwungsversuch im Keim. Wir werden soeben wieder Zeuge dieser mustergültig neoliberalen Unsinns-Politik. Wessen Interessen hier vertreten werden, liegt auf der Hand: Das Finanzkapital hat höchstes

Interesse an einer möglichst geringen Inflationsrate, um die eigenen Werte stabil zu halten, während für das Industriekapital und den Arbeitsmarkt eine leichte Inflation (man geht von maximal drei Prozent aus) eine durchaus stimulierende Wirkung entfalten würde. Realwerte sind inflationsresistent, da sie eben einen realen Gebrauchswert haben, der sie über alle Währungsreformen hinwegträgt, Buchwerte schmelzen bei Inflation dahin wie Butter in der Sonne. Das Finanzkapital zieht daher eine Deflation naturgemäß noch der geringsten Inflation vor. Und der Arbeitsmarkt ist den Neoliberalen ohnedies völlig egal, da Menschen in ihren Berechnungen nicht vorkommen und bloß ein Störfaktor sind.

Dass eine solche Politik längerfristig zu sozialen Unruhen führen muss, liegt auf der Hand. Nicht umsonst haben die Chicago Boys rund um Milton Friedman ihre ersten freien Feldversuche in der Diktatur von Pinochet gestartet (der kürzlich in dankenswerter Weise ausgerechnet am Tag der Menschenrechte unverdient sanft das Zeitliche segnete). Und der österreichische Nobelpreisträger Friedrich A. von Hayek zog nach eigener Aussage jede miese Diktatur, die einen völlig freien Markt ermöglicht, jeder noch so guten Demokratie vor, die dem freien Markt Beschränkungen auferlegt. Die Hayekschen Theorien sind in ihrer bauernschlauen Schlichtheit nicht nur rundum falsch und von der Praxis vielfach widerlegt, sie sind – und das ist das schlimmste – von tiefer Menschenverachtung getragen, durch und durch zynisch, Sozial-Darwinismus pur. Wenn sich Österreichs Ex-Finanzminister Karl-Heinz Grasser ausgerechnet auf diese politisch üble Figur berufen hat, so ist zu befürchten, dass er entweder dessen Bücher nicht gelesen oder sich als Politiker in einem demokratischen Gemeinwesen disqualifiziert hat. Über weite Strecken ist das Hayeksche Werk nicht nobelpreiswürdig sondern sektenverdächtig. Seine Geringschätzung der Demokratie ist legendär. Freiheit ist stets nur die Freiheit zum Handeln in der Wirtschaft. Man hat die Freiheit, das eine zu kaufen und das andere nicht. Jene, die vor dieser Frage gar nicht stehen, kommen nicht vor. Denn auch die eng geführte Freiheit von Konsumentscheidungen ist Milliarden von Menschen nicht wirklich zugänglich. Da stellt sich nicht die Frage, zwischen welchen Produkten man wählt, da man zuerst die Frage lösen muss, wie man überhaupt an jenes »eine« Produkt herankommt, das man gerade braucht – das tägliche Brot. Solange eine Wirtschaftstheorie, die von sich behauptet, für größtmögliche Effizienz zu sorgen, nicht in der Lage ist, das tägliche Brot nachhaltig zu sichern, solange kann es mit ihr nicht weit her sein.

Der Wirtschaftsliberalismus wird zur Lösung der Probleme jedenfalls nichts beitragen, da er selbst Teil des Problems ist.

Offen gesagt

Ein sich distanzierendes Mini-Drama

Zwei Deutschnationale angeln an einem Kärntner See.

Der Erste: Früher hätts des net geben.
Der Zweite: Na, früher net. Wirkli net.
Der Erste: Dass kana anbeißt.
Der Zweite: Früher hätts des net gebn.
Der Erste: Früher! Dass des klar ist: Früher, net früher!
Der Zweite: Eh klar, früher und net früher.
Der Erste: Damals, aber net damals.
Der Zweite: I weiß gar net, was man da missverstehen kann.
Der Erste: Hörst du do an Unterton?
Der Zweite: Niemals. Do net damals.
Der Erste: I a net. Weil bissn haben s' damals besser.
Der Zweite: Viel besser damals.
Der Erste: Das waren halt noch Zeiten.
Der Zweite: Ja, Zeiten, aber net Zeiten, damit des net wieda vadraht wird.
Der Erste: Weil die verdrehen einem alles.
Der Zweite: So schnell kannst gar net redn.
Der Erste: So langsam kannst gar net schaun.

Beide sehen sich vorsichtig um.

Der Erste, flüsternd: Unterm Hitler hätt's des net gebn!

Der Zweite: Dass in da Frua die Fisch net anbeißn.
Der Erste: Aber des derf man heutzutag net laut sagen.
Der Zweite: Ja, weil da kriegst nur Scherereien.

Der Schwimmer der einen Angel zuckt heftig.

Der Erste: Da beißt ana an.

Pullt den Fisch aus dem Wasser.

Die Forelle: Heil Hitler!
Der Zweite: Das hätt's früher net gebn.

Der Deutschnationalismus und Tempo 160

Es ist erstaunlich, dass der Deutschnationalismus in Deutschland praktisch keine Rolle spielt, im kleinen Österreich jedoch sehr wohl. Vielleicht liegt es an der undankbaren Rolle, nur der kleine Vetter des großen Nachbarn zu sein. Ziemlich sicher hat der konservative Kulturpublizist Friedrich Heer Recht, wenn er die Wurzeln des österreichischen Deutschnationalismus bis auf die Reformation samt Gegenreformation zurückführt.

Nun findet hierzulande kein täglicher Kulturkampf um das Bewahren des Deutschen im Österreichischen statt (zumindest nicht außerhalb Kärntens). Was es jedoch gibt, ist ein so genanntes »Drittes Lager« als Überbleibsel der Nazi-Herrschaft. Viele, die mehr als nur Mitläufer waren, haben sich nach der allzu wohlfeilen »Entnazifizierung« in diesem Lager eingefunden und sich unter dem Tarnmäntelchen des Liberalismus, den man schlauerweise mit 1848 datierte, in einer neuen Partei formiert, dem VdU, Verband der Unabhängigen. Diese Partei war immer ein besonders komisches Exemplar: wie in der Küche eines Gen-Mischers zusammenpfuscht. Wirtschaftsliberalismus ging mit Erbgesundheitslehre und dem Bekenntnis zum Deutschtum eine antiklerikale Allianz ein. Das gesellschafts-liberale Mäntelchen war immer ziemlich dünn und nur für sehr warme Sommertage geeignet.

Die Ironie der Geschichte liegt darin, dass sich in dieser Partei einst die wirklichen Überzeugungstäter gefunden hatten, die auf all die Phrasen von Hitler und Konsorten hereingefallen waren, die dem Dritten Reich zum Teil durchaus freudig ihre Jugend geopfert hatten, und nach dem Krieg einige Zeit hindurch zu den Unberührbaren zählten. Jene jedoch, die schon einst nur aus Opportunismus bei der NSDAP gelandet waren, hatten auch nach dem Krieg wieder rechtzeitig die Kurve gekratzt und waren bei einer der beiden Großparteien SPÖ oder ÖVP, manche gar bei der KPÖ untergeschlüpft. Sie konnten sich wieder in den Institutionen festsetzen. Für das letzte Häuflein Aufrechter eine himmelschreiende Ungerechtigkeit und jener Humus, auf dem Persönlichkeiten wie Jörg Haider heranwuchsen. Sie erlebten die Packelei der großen Koalition als den fortgesetzten Kampf gegen die Teilnahme des Dritten Lagers an der Postenverteilung in der Republik. Es war dieser Hass, der aus der Hilflosigkeit der vermeintlich »Aufrechten, Ehrlichen und Anständigen« kam, der dieses kleine politische Grüppchen die Jahrzehnte überleben ließ.

Während die alte Weltkriegsgeneration langsam wegstarb, trugen die Jungen wie Haider das Erlebnis subjektiver Diskriminierung mit sich. In diesem Sinne konnte das »Dritte Lager« nie eine eigenständige politische Programmatik entwickeln. Der große Erzählentwurf war nicht möglich, da die eigenen Traditionen zerstört waren. Was an Tradition gepflegt wurde, musste sich hinter geschickt gewählten Ritualen verstecken, um nicht sofort mit dem Wiederbetätigungsverbot zu kollidieren. Diese Gruppierung war aufgrund ihrer Geschichte nicht in der Lage, sich offiziell auf ihre ideologischen Wurzeln zu berufen. So kam es zum verschämten Rückgriff auf die liberal-deutschnationalen Ideen der 1848er Revolution.

Die Partei war vorwiegend eine Honoratiorenpartei und spiegelte in ihrer sozialen Zusammensetzung vor allem eines wider: das Versagen der Bildungseliten während der Hitlerzeit. Es waren die Rechtsanwälte und Ärzte, die Freiberufler ganz allgemein, die den Kern dieser Partei bildeten. Gut verdienender Mittelstand mit ein paar Einsprengseln aus der Arbeiterschaft. Trotzdem waren diese Leute keine »Bürgerlichen«, sondern national gesinnte Sozialrevolutionäre, die man sich allerdings schwer auf irgendwelchen Barrikaden vorstellen kann.

Dadurch war es für Jörg Haider ziemlich leicht, in dieser Partei die Macht zu ergreifen und seine ganz persönliche Programmatik zu entwickeln. Es ist in den letzten Jahren viel zu dieser Thematik geschrieben worden, und kaum noch Neues hinzuzufügen. Also beschränke ich mich hier einfach darauf, festzustellen, dass Haider niemals ein politisches Programm hatte, das auf die Fragen der Zeit eine brauchbare Antwort gab. Genau genommen hatte er überhaupt kein Programm, sondern führte 15 Jahre lang einen Dauerwahlkampf mit ununterbrochen wechselnden Slogans und Parolen. Die Programmatik dessen, was sich heute »Drittes Lager« nennt, besteht aus Vorurteilen, Aversionen und leicht durchschaubaren Primitiv-Parolen. Der Haider-Flügel, also das BZÖ, ist ohnedies in der absoluten Beliebigkeit versunken.

Nachdem man unter der Anleitung von Wolfgang Schüssel sechs Jahre lang in einer Art Trainings Camp für Überzeugungslosigkeit verbracht hat (Schüssel nannte das »neu regieren«), ist man nun für alles offen, was ein Zipfelchen Macht verspricht. Eben noch war man für die Deportation von Ausländern, schon wäre man bereit, die SPÖ bei einer Minderheitsregierung zu unterstützen und dazu auch noch die grüne Kröte zu schlucken und gemeinsame Sache mit dem Erzfeind zu machen.

Der deutlich größere Teil des »Dritten Lagers«, also die FPÖ unter Heinz-Christian Strache, macht zwar nach außen einen geschlosseneren Eindruck. Man täusche sich aber nicht, denn zwischen Parteichef Strache, einem schlagenden Pennäler, und einem Ewald Stadler, schlagender Student und Rechtsaußen-Katholik, klaffen unüberbrückbare Abgründe. Strache, ebenso antiklerikal wie der Exponent der dritten Strömung, Andreas Mölzer, eint mit Stadler nur die heftige Abneigung gegen Haider. Der erzreaktionäre Katholizismus Stadlers ist den beiden in jeder Hinsicht suspekt.

Das »Dritte Lager« ist bis auf Weiteres nicht in der Lage, auch nur irgendeinen sinnvollen Beitrag zu Problemlösungen zu liefern. Keine der vielen Polit-Initiativen Jörg Haiders hat den von ihm so gern beschworenen »kleinen Leuten« auch nur das Geringste gebracht, ihre Lebenslage wenigstens ein klein wenig verbessert. Im Gegenteil: Er hat eine Pensionsreform mitgetragen, die jene am stärksten traf, die im System die Schwächsten waren.

Insofern ist es kein Wunder, dass die spektakulärste politische Maßnahme des »Dritten Lagers« während der letzten Legislaturperiode von BZÖ-Verkehrsminister Hubert Gorbach stammt: ein Tempoversuch mit 160 Stundenkilometern auf einem Autobahnabschnitt in Kärnten. Von den Barrikaden der 1848er Revolution zum Schutzheiligen der Autoraserei – ein weiter Weg für das »Dritte Lager«, keine Frage, aber ein ziemlich unbedeutender Trippelschritt für die Menschheit. Am deutschen Wesen wird nicht nur hierzulande glücklicherweise sobald nicht wieder jemand genesen.

Trotzdem wird es mit dem »Dritten Lager« in Österreich noch lange Zeit ein Problem geben. Durch den Versuch Wolfgang Schüssels, diese sowohl fachlich als politisch inferioren Leute regierungsfähig zu machen, wurden alle bisher gültigen Mindestnormen an politischer Hygiene konsequent unterschritten. Es seien nur die immer niederträchtiger werdenden Töne in der Diskussion über Zuwanderung in Erinnerung gerufen. Im Oktober-Wahlkampf mündete das in der Parole »Deportation«. Dass Wolfgang Schüssel als Kanzler Jörg Haiders Umgang mit Urteilen des Verfassungsgerichtshofs ignoriert hat, lässt auch Schüssels Verständnis von res publica fragwürdig erscheinen. Der Schwachsinn, dass Schüssel versucht habe, das »bürgerliche« Lager zu einen, fällt auf jene zurück, die sich bis heute für dieses halten. Das »Dritte Lager« aber wurzelte nie im Bürgerlichen, sondern verstand sich immer als national und als sozialistisch.

Die nun im Amt befindliche Regierung wird die undankbare Aufgabe haben, die Wählerschaft dieses »Dritten Lagers« in irgendeiner Weise einzubinden, will sie nicht riskieren, dass die FPÖ wieder jene Höhen erreicht, die sie am Ende der letzten großen Koalition 1999 hatte. Und man wird die Menschen, die diese Partei schon wieder zu wählen bereit sind, in ihren Sorgen ernst nehmen müssen. Wenn sich 28 Prozent der Wählerschaft tatsächlich als Modernisierungsverlierer empfinden, kann an der Modernisierung etwas nicht stimmen.

Jede kommende Regierung muss eine Politik machen, die diesen Menschen wieder das Gefühl gibt, ernst genommen zu werden. Dazu bedarf es nicht der opportunistischen Anpassung an infame Slogans, sondern einer Politik, die diesen Menschen eine greifbare, erkennbare Zukunftsperspektive eröffnet. Dann werden sie den Rattenfängern nicht auf den Leim gehen. Mit inhaltsleerer Symbolpolitik und Propaganda à la Wolfgang Schüssel wird das aber ebensowenig funktionieren, wie mit der ideenlosen und uninspirierten »Ausgrenzungspolitik« gegenüber der FPÖ, wie sie unter Franz Vranitzky in den 1990er Jahren betrieben worden ist.

Es zählt zu den großen Problemen der österreichischen Politik, dass sich mehr als 60 Jahre nach dem Ende des Zweiten Weltkriegs das »Dritte Lager« nicht von seinen fauligen Wurzeln emanzipiert hat – und es ist eine Schande, dass bis heute weder der SPÖ noch der ÖVP eine schlüssige Haltung und Vorgehensweise eingefallen ist, wie dieser Prozess in Gang gesetzt werden kann. Das Schlimmste jedoch wäre, wenn die ÖVP in Kürze wieder in die Arme des neu erstarkten »Dritten Lagers« flüchten würde, um ihre Politik der Vertreibung der Sozialdemokratie aus allen Institutionen der Republik ungestört fortsetzen zu können.

Gleichzeitig bedarf es eines entschiedenen Bruchs mit allen Ansätzen neoliberaler Politik im europäischen Maßstab, wenn man die tiefe Spaltung, die sich zwischen den Menschen in unseren Demokratien immer deutlicher zeigt, überwinden will. Eine solche Umorientierung ist leider nicht wirklich in Sicht.

Nie wieder Au

Ein tragisches Dramolett, ein wenig behindert von den Vorschriften des gender mainstreamings und der political correctness

Zwei Grüne, um die Geschlechterquoten zu erfüllen also eine Sie und ein Er.

Sie: In der Au müsste man sein. Das war noch ein richtiger Winter damals.
Er: Minus 20 Grad. Ich geb zu, ich hab damals schlimme Gedanken gehabt.
Sie: Net wirklich?
Er: Ich hab mir gewünscht, die Klimakatastrophe hier und jetzt. Erderwärmung, Gletscherschmelze und Treibhauseffekt genau über der Au, über dem Zelt, in dem ich frier.
Sie: Das Fleisch ist schwach.
Er: Überhaupt seit ich Vegetarier bin.
Sie: Sag das nicht laut, die Bauern glauben wieder, wir nehmen ihnen die Kühe weg.
Er: Aber ich kann kein Fleisch mehr sehen. Seit der Bauernbund seine Leute damit gschreckt hat, dass wir die Viehhaltung verbieten, muss ich auf jeder Wahlveranstaltung demonstrativ ein Paar Würstel, ein Leberkäsweckerl und a Semmel mit Kümmelbraten essen. Und am Abend habe ich wochenlang Schlachtplatten in mich hineingestopft, nur des Fleisch. Der Wahlkampfleiter hat gemeint, es macht sich gut, wenn ich das Kraut und die Knödeln angewidert wegschieb.

Am besten wär's, ich würd überhaupt nur des Fett essen. Des wär besonders glaubwürdig.

Sie: Der Van der Bellen schaut aber net so aus …

Er: Der hat auch mich. Der Schüssel hat seinen Stamperl-Trinker und der Van der Bellen hat mich, seinen Fleischesser.

Sie: Und die Glawischnig?

Er: Angeblich die Petrovic, aber ich glaub es nicht, des Gerücht hat der Pilz in die Welt gesetzt. Wahrscheinlich muss irgendein Praktikant – prekäres Beschäftigungsverhältnis – für sie Fleisch essen. Der könnt sich von der Gage eh keins leisten. Da sieht man, dass der Markt doch das eine oder andere regelt. Auf jeden Fall lasst die Glawischnig essen, die will ja eine wunderschöne Marxistin bleiben.

Sie: Marxistin? Bei uns?

Er: Na, eh net wirklich. Aber du kennst ja den Khol. Ich glaub, das ist so a Phantasie von ihm, dass eine wunderschöne Marxistin in den Wandelgängen des Parlaments über ihn herfallt … der Marxismus galt ja einst als ziemlich frivol, sexuell enthemmend, zumindest in Tirol … der Katholizismus hat's ja mehr mit dem Messwein.

Sie: Und wieso ist der Khol grad auf die Glawischnig verfallen?

Er: Könn ma des lassen, jetzt wirds eng.

Sie: Nein, des will i genau wissen. Hast leicht Du auch ein Aug auf die Glawischnig gworfen?

Er: Blind soll i werden! Natürlich net.

Sie: Lüg net! Wie du gestern verstohlen rübergschielt hast zu ihr.

Er: Du bildest dir da was ein.

Sie: Euch Männern kann man net trauen. In jedem von euch schlummert ein kleiner Khol.
Er: Also in mir wirklich net.

Die beiden bleiben hinter einer Säule im Wandelgang des Parlaments stehen. Er tastet vorsichtig nach ihren Händen und zuckt wieder zurück.

Sie: In der Au müsst ma sein.
Er: Richtig frieren.
Sie: Und hungern, ohne dass ma auf Kur ist.
Er: Der Boden pickelhart gefroren.
Sie: Ka Luft in den Luftmatratzen.
Er: Und überall Kieberer und Bauarbeiter.
Sie: Und draußen im Nebel alles Grau in Grau.
Er: Grau in Grau, des war des schönste Grün von allen!
Sie: Des kommt nie wieder.
Er: Eher noch a neue Eiszeit.
Sie: Und wie is das jetzt wirklich mit dem Khol und der Glawischnig?
Er: Blind soll ich werden, wenn ich was sag.

Grün mit Tempo 100 – Als Grün noch eine Farbe war

Was ist ein Grüner?

These 1.

Ein Grüner war einmal Kreisky-Verehrer mit leichtem Abscheu vor der Spießigkeit der ÖVP, der nun gern mit der reaktionären ÖVP eine Koalition machen würde, da ihm die SPÖ zu spießig ist.

These 2.

Eine Grüne kommt aus dem nationalen Lager, wäre lieber in der ÖVP, das hätten aber die Eltern nicht so gerne gesehen, schlimmer wäre in deren Augen nur noch die SPÖ gewesen, also bleibt nur Grün und die Hoffnung auf eine Koalition mit der ÖVP.

These 3.

Ein Grüner wäre gerne linksradikaler Sozialdemokrat, der mit Hilfe Lenins sofort eine Koalition mit der ÖVP eingehen würde, um die SPÖ nach links zu zwingen, selbiger aber bis heute nicht verziehen hat, dass sie ihn wegen Linksabweichung einst ausgeschlossen hat.

These 4.

Eine Grüne kommt aus einer Familie, die seit Generationen Schwarz wählt und versteht bis heute nicht, warum der Bauernbund sie nicht mag, wo doch die Eltern noch immer bei Raiffeisen sind und eine Koalition mit der SPÖ nur dann in Frage kommt, wenn der SP-Vorsitzende förderndes Mitglied des Bauernbundes wird. Den Döblinger Hubertusmantel trägt sie naturgemäß noch immer.

These 5.

Typische Grüne sind Mitglieder der Spaßfraktion, wären aber lieber in der Toskana-Fraktion der SPÖ, wenngleich sie ahnen, dass sie auch hier von den Sozialdemokraten angeschwindelt worden sind: Kein SPler aus der Toskana-Fraktion trinkt heute noch Chianti oder Brunello, wenn man von den unseligen Kärntner Genossen absieht. Man bechert längst edlen Bordeaux und lächelt verschmitzt, wenn die Grünen sich mit Grünem Veltliner aus dem nördlichen Weinviertel abquälen, der nicht nur BIO ist, sondern auch so schmeckt.

Daraus folgt These 6.

Niemand weiß wirklich was ein Grüner oder eine Grüne ist. Sicher scheint nur zu sein, dass neben der absoluten Gewissheit, die in These 6 zum Ausdruck kommt, in jeder der anderen fünf Thesen ebenfalls ein Kern Wahrheit steckt.

Mit Sicherheit lassen sich zwei Aggregatszustände des Grünseins konstatieren: Die rurale und die urbane Form des Auftretens. Die urbane Form ist dadurch gekennzeichnet, sich nie bei Tageslicht im Grünen, sondern lieber nächtens in verrauchten Lokalen herumzutreiben, wie ein legendärer österreichischer Gewerkschaftsboss, Anton Benya, nicht ganz unzutreffend feststellte. (Anmerkung: Dass dieser Mann bezüglich der eigenen Organisation über keine äquivalente Erkenntnisfähigkeit verfügte und so zum personifizierten Grundstein des Grabsteins der österreichischen Gewerkschaftsbewegung wurde, ist ein anderer Kaffee. Es seien nur die Begriffe »Konsum« und »BAWAG« in die Runde geworfen.)

Die Grünen sind ein Nebenprodukt des Zerfalls jener linksradikalen Sekten, die aus der 68er-Bewegung entstanden und ebenso schnell wieder verschwunden sind. Auf der verzweifelten Suche nach den neuen sozialen Bewegungen, die der eben gescheiterten sozialistischen Revolution der Arbeiterklasse (1970 bis etwa 1975 im Hörsaal 1 der Wiener Uni) neue Impulse geben könnten, stießen sie nicht nur auf die Dritte Welt, sondern auch auf apokalyptische Hinweise über einen Mangel an Ressourcen. Da Revolutionen und Weltuntergänge nicht weit auseinanderliegen, wechselte man zur Apokalypse. Nicht alles war falsch am Bericht des Club of Rome über die Grenzen des Wachstums. Bei all den Irrtümern in der Vorhersage war die grundsätzliche Aussage richtig: Auf einer endlichen Erde können die Ressourcen nicht unendlich sein.

Dass diejenigen, die eben noch auf den Kampf der einen Arbeiterklasse gesetzt hatten, nun entdeckten, dass die Umweltverschmutzung keine Klassengrenzen kennt, weil wir alle im Raumschiff Erde hocken, hat etwas durchaus Komisches an sich. Komischer nur noch Elfriede Jelinek, die in einem Roman der 1980er Jahre überzeugt ist, dass das mit dem Umweltschutz ein Schwindel des Kapitals ist.

(Anmerkung: Es handelt sich um den Roman »Oh Wildnis, oh Schutz vor ihr«, in dem die Umweltschutzbewegung reichlich undifferenziert in die Nähe eines Mantel- und Lodenfaschismus gerückt wird, weil sie so dumm sei, für die Erhaltung eines Waldes einzutreten, der nicht den Umweltschützern, sondern den bösen Grundeigentümern gehört.)

Wenn man Jelineks Gedankengängen folgt, ist nur die Bourgeoisie vom Erstickungstod bedroht, der dieser ganze Krempel auch gehört. Sie war konsequenter als die bereits bekehrten Linken und vertrat weiterhin entschlossen den Klassenstandpunkt, egal welche giftigen Dämpfe auch immer über der Arbeiterklasse wabern mochten.

Während also bei den frisch ergrünten Rotfrontlern der überraschende Perspektivewechsel weg vom Klassenstandpunkt nicht ohne Komik war, bestand das Komische bei Jelinek genau im Beharren auf diesem Standpunkt. Der Grund ist klar: Beide Sichtweisen waren und sind ungenügend. Weder ändert das Klassenbewusstsein etwas an der Umweltverschmutzung, noch kann die Lösung der Umweltprobleme die soziale Frage aus der Welt schaffen. Selbst Bill Gates hat nur ein einziges Ausfahrtsticket aus der Klimahölle. Und jede nicht kapitalistische Produktionsweise unterliegt entgegen den euphorischen Erwartungen von Marx den ökologischen (und damit wahrscheinlich auch ökonomischen) Grenzen des Wachstums.

Der rurale Grüne hat da ganz andere Prägungen erfahren, mitunter auch erlitten. Meist aus bäuerlichen Großfamilien mit ÖVP-Bürgermeisterlizenz kommend, bleibt ihm diese Affinität sein Leben lang erhalten. Der größte Teil der grünen Führung kommt aus ÖVP-Familien und hat daher weniger Probleme, mit der ÖVP eine Koalition einzugehen als mit der SPÖ. Bei den urbanen Grünen ist es genau umgekehrt. Was die Lage noch unübersichtlicher macht: Die meisten Umfragen zeigen, dass wiederum mehr als 70 Prozent der Grünwähler eine rot-grüne Zusammenarbeit einer schwarz-grünen vorziehen. Führung und Basis stehen hier gegeneinander. In welche Koalition die Grünen auch gehen, es wird ihnen nicht erspart bleiben, einen Teil der Wählerschaft zu verärgern.

(Anmerkung: Nach der letzten Nationalratswahl ist den Grünen die Entscheidung dank taktisch geschickter Feigheit vor dem politischen Feind gerade noch erspart geblieben. Denn der Weg zu einer Regierungsbeteiligung hätte nur über die Duldung einer SPÖ-Minderheitsregierung geführt. Und da hätte man – igitt igitt – auch mit der FPÖ sprechen müssen. Allerdings kann damit der Eintritt in eine Regierung in sehr weite Ferne gerückt sein.)

Das Problem der Grünen ist aber auch ein programmatisches. Entgegen den Prophezeiungen mancher Politologen über die große Entideologisierung haben Parteien, die keine klare Programmatik haben, ein Problem, die Wähler anzusprechen, da sie ohne Programmatik auch keine aktive Politik entwickeln können. Einzelne Projekte sind zuwenig, es muss eine Art »Gesamtdesign« erkennbar werden. Auch wenn diese Programmatik in den Wahlkämpfen scheinbar keine Rolle spielt, so ist sie doch die Grundvoraussetzung dafür, der Wählerschaft so etwas wie einen Sinn der Wahlentscheidung zu vermitteln. Man könnte so sagen: Der Seiltänzer im Zirkus braucht ein perfektes Seil, sonst purzelt er runter.

Aber kein Zirkusbesucher wird in dem Moment, da er die hoch oben in der Kuppel des Zeltes dargebrachten halsbrecherischen Kunststücke beobachtet, die Qualität des Seiles oder der Trapeze diskutieren, ihre Gegenwart wird ihm gar nicht bewusst sein. Wären sie aber nur in schlechter Qualität vorhanden, würden also zu dauernden Pannen führen, würde das den Zuschauern natürlich auffallen. Gar nicht zu sprechen davon, dass die Vorstellung ausfallen müsste, wenn diese Gegenstände gar nicht vorhanden wären.

Eine ziemlich bunte Gerätschaft ist von den Grünen in der Kuppel ihres Zeltes im Laufe der Jahre angesammelt worden. Da findet sich einerseits gesellschaftlicher Liberalismus (unter den heute im Parlament vertretenen Parteien am ausgeprägtesten), sozialromatische Ideen, ökologische Einsprengsel, ein paar liebevoll gepflegte grüne Tabus, ein bisserl Sozialismus, ein paar Löffelchen katholische Soziallehre samt Subsidiaritätsprinzip, zum Drüberstreuen gewerkschaftliche Solidarität. Weiters finden sich im grünen Zirkuszelt nach wie vor Andeutungen von Askese, die von fortgeschrittenen Grünen längst zur Vollwert-Schlemmerei weiterentwickelt worden sind. Es gibt die klassischen Grünen auf der Suche nach Selbstverwirklichung, die sie vor allem prekäre Beschäftigungsverhältnisse bei jenen Grünen finden haben lassen, die nicht ganz so grünäugig unterwegs sind und nichts dabei finden, neoliberale Geschäftemacherei mit Biowein, Bonhomie, Fair Trade und fieser Ausbeutung völlig widerspruchsfrei in ihrer Lebenswelt zu vereinen.

Der typische Grüne ist die Schnittmenge aller Widersprüche unseres modernen, globalisierenden Zeitalters. Er oder sie ist ihre geradezu idealtypische Verkörperung. Fast jeder Parteigänger einer anderen Partei wird Facetten finden, die auch in sein Weltbild passen. Bei keiner anderen Partei lässt sich das in einer solchen Fülle, Häufigkeit und Dichte beobachten. Die einzige Grenzüberschreitung, die bis heute bei den Grünen undenkbar ist, sind Fragen der Menschenrechte und der Demokratie. Umso auffälliger ist es, dass sie nach den Herbstwahlen 2006 in Österreich nicht die Chance ergriffen haben, den Parlamentarismus in Österreich wenigstens ein Stück weit in jene Richtung zu bewegen, die eigentlich immer ein grünes Kernanliegen war: Weniger Klubzwang, offener Ausgang von Abstimmungen, freies Spiel der Kräfte, Stärkung des Parlamentarismus, also der Legislative, gegenüber der Exekutive, der Regierung.

Dieses Versagen stellt für den unvoreingenommenen Beobachter das gesamte grüne Konzept in Frage. Bisher sind die Grünen in Österreich nie in die unangenehme Lage gekommen, in diesen Fragen mehr als nur rhetorisch Flagge zu zeigen und wirklich Verantwortung zu übernehmen.

Es geht nicht darum, dass die Grünen über menschenverachtende Äußerungen von FPÖ und BZÖ schweigend à la Wolfgang Schüssel hinweggehen. Aber – ich wiederhole mich – die Politik bloßer Ausgrenzung und Gesprächsverweigerung hat schon unter Franz Vranitzky nicht funktioniert. Sie wird auch jetzt nicht dazu führen, dass diese Parteien schrumpfen. Nur wenn die Wähler dieser Parteien erkennen, dass ihre Interessen auch von anderen Parteien wahrgenommen werden – dort allerdings ohne miese Untertöne, für die man sich genieren muss – wird sich etwas bewegen. Eine SP-Minderheitsregierung hätte immerhin die Chance geboten, dass die Grünen nach absehbaren Neuwahlen wieder mit im Spiel gewesen und die Stimmen der Rechtsaußen-Parteien nicht mehr benötigt worden wären, um die ÖVP in die wohlverdiente Opposition zu jagen.

Stattdessen bejammert eine grüne Politikerin die Unmöglichkeit der Mehrheitsbildung für Anliegen wie die Abschaffung der Studiengebühren und beteuert, dass der österreichische Parlamentarismus anderen Ländern hinterherhinke, weil etwa der Klubzwang so streng sei. Was da hinkt, sind jedoch die Grünen. Sie schleichen als Bremser vom Dienst auf der um viel Geld gebauten dritten Fahrspur der Westautobahn mit Tempo 100 vor sich hin, blockieren sich selbst und alle, die sich von dieser Partei einst etwas mehr Phantasie erwartet haben. Man kann nicht mehr Spielraum im Parlament herbei träumen, eine Lockerung des Klubzwangs ersehnen, ohne dafür etwas zu tun. Nämlich auch einmal ein Risiko einzugehen. Gerade die Grünen, einst für unkonventionelle Aktionen bekannt, sind hier in totaler Ideenlosigkeit erstarrt. Dabei hätte mit politisch richtiger Aktivität aus der Blockadepolitik der ÖVP ein ungemein spannendes Projekt entstehen können. Aber die Grünen zittern am Beckenrand und befinden, dass zu viel Wasser im Becken ist, um das Hineinspringen zu wagen. Wir dürfen annehmen, sie werden erst dann springen, wenn wieder die ÖVP den Bademeister stellt. Dass die ÖVP vorher das Wasser auslassen wird, versteht sich von selbst. Die Grünen werden nicht zögern – inzwischen ganz traditionelle Partei – den Bauchfleck auf Beton zum Kern grüner Politik zu erklären. Oder in den Bildern des einleitenden Dramoletts beschrieben: Königin Eva Glawischnig wird nackt sein, und nur Khol verschmitzt lächelnd mit dem Bikini-Höschen im Vorstand der ÖVP-Pensionisten winken – aber darüber wollten wir bekanntlich den Mantel des Schweigens legen …

Vom Unsinn des Begriffs Populismus

Im Mittelalter war es das leise hingezischte Wort Ketzer, das einen für immer zum Schweigen brachte. In der Studentenbewegung von 1968 war es das Wort »neurotisch«, danach in der neomarxistischen Linken die Etikettierung »kleinbürgerlich«, die den solchermaßen Gebranntmarkten diskursuntauglich machte. (Und auch heute wird mit der Bezeichnung »neoliberal« mitunter Ähnliches getrieben.)

Aber der Begriff des Populismus spielt in einer eigenen Liga. Erstens gilt: Populistisch sind immer die anderen. Zweitens hat sich die Ansicht durchgesetzt, dass es ein Zeichen von schlechtem politischen Stil ist, den Leuten zuzuhören und dann mitunter Dinge zu sagen, die auch die Bevölkerung versteht, ohne vorher mehrjährige Fachstudien betrieben zu haben. Und eine ganz besondere Bewandtnis hat es mit dem Wort »rechtspopulistisch«, das dazu dient, sich am Begriff »rechtsradikal« vorbeizuschwindeln. Das ist einerseits Folge politischer Feigheit im Alltag, derentwegen man vermeidet, Dinge bei ihrem richtigen Namen zu nennen. Andererseits ist die Verwendung dieses Begriffs auch Folge einer gedanklichen Unschärfe. Da nimmt man lieber in Kauf, dass diese Unschärfe weitere Unschärfen nach sich zieht, als gleich die zutreffenden Bezeichnungen zu verwenden.

Jörg Haiders FPÖ war eine lupenrein rechtsradikale Partei, die FPÖ Heinz-Christian Straches ist es nicht weniger, abgesehen von dem Unterschied, dass Strache seine Anliegen freundlicher verpackt. Während Haider stets wie der personifizierte Gottseibeiuns wirkt, ist Strache das Kuscheltier der Rechtsradikalen. Immer freundlich lächelnd, als ob er keiner Fliege etwas zuleide tun könnte, im Ton niemals verletzend, nur in den Worten, während bei Haider Ton und Worte auf gleicher Höhe stehen.

Was hinderte die meisten Journalisten und Politologen (die Politiker sowieso) daran, das Treiben dieser Partei als »rechtsradikal« zu bezeichnen? Zum einen der Irrtum, rechtsradikal und nazistisch gleichzusetzen. Man kann aber rechtsradikal sein, ohne nationalsozialistisch zu sein. Aber jeder Nazi ist rechtsradikal. Der Nationalsozialismus ist eine ganz bestimmte Form von Rechtsradikalismus, es gibt Unterschiede (beim Antisemitismus) und Gemeinsamkeiten (etwa Fremdenfeindlichkeit). Es war und ist offenbar bequemer, mit dieser Gedankenunschärfe zu leben, als die Dinge als das zu bezeichnen, was sie sind.

Bei manchen Journalisten und Politikern darf man annehmen, dass die Absicht dahinter stand, das politische Programm der FPÖ zu verharmlosen, um desto leichter eine Koalition rechtfertigen zu können. Denn mit einer »rechtspopulistischen« Partei zu regieren, lässt sich gerade noch argumentieren, mit einer »rechtsradikalen« ist das schon schwieriger (weil wieder die begriffliche Unschärfe zu »nationalsozialistisch« ins Spiel kommt). Außerdem ergibt das die Möglichkeit, den eigenen Standort in der Mitte zu belassen. So war die blau-schwarze Koalition keine Mitte-Rechts-Koalition. Die ÖVP ist eindeutig nach rechts abgedriftet, hat ihre eigene Mitte verloren und die Mitte der Gesellschaft verlassen. Diese Koalition ist als rechts-rechtsaußen zu verorten. Hätte diese Verbindung auch nur eine Zehenspitze in der Mitte des politischen Spektrums gehabt, wären viele politische Unappetitlichkeiten nicht möglich gewesen. Es hätte diese unappetitliche Koalition gar nicht gegeben.

Gleichzeitig ist in der bewussten Diffamierung des Populistischen auch ein gefährliches Signal in die Richtung zu erkennen, dass versucht wird, das eigene Abgehoben-Sein zu vertuschen, es zur eigentlichen Tugend des Politikers zu machen. Natürlich haben die Erfinder unserer Verfassung um die Gefahr gewusst, wenn Stimmungen im Volk ungefiltert in Gesetze einfließen und unmittelbar zu Politik werden. Erstens sind solche Stimmungen ständigen Schwankungen unterworfen und damit unzuverlässig. Zweitens sollen moderne Verfassungen den Ideen der Vernunft und der Aufklärung verpflichtet sein. Unmittelbare Empfindungen sind mit dieser Verpflichtung kaum in Deckung zu bringen. Die repräsentative Demokratie soll dem Rechnung tragen: Der einzelne Abgeordnete ist nicht verpflichtet, spontanen Erregungen der Volksseele zu folgen, sondern ausschließlich seinem Gewissen. Aber Abgeordnete müssen um die Empfindungen der Menschen wissen, sollten sie gut kennen. Nicht, um diesen Gefühlen ungehindert nachzugeben, sondern um die echten Probleme zu kennen. Die politischen Repräsentanten haben eine Filterfunktion, keineswegs aber eine Aussonderungsfunktion. Sie dürfen dem Wahlvolk durchaus einige Schritte voraus sein. Eine Politik, die auf Populismus völlig verzichtet, gerät außer Sicht- und Hörweite und generiert genau die Art autistischer Politiker, die heute viel zu häufig die demokratischen Gremien aller Ebenen bevölkern.

Auch dieses Buch ist seinem Wesen nach ein populistisches. Es will zeigen, wie die Politik an den Bedürfnissen und den Menschen bewusst vorbei regiert. Dieses Buch und sein Autor wollen ihr Ohr nah bei den Menschen haben und die Entfernung aufzeigen, die sich zwischen diesen Menschen und der Politik aufgetan hat. Und es spricht den Menschen nach dem Mund – dort wo es notwendig ist. Nur ein Beispiel: Die europäischen Statistiken weisen nach, dass es seit Einführung des Euro nur eine geringe Inflation gibt. Die Empfindung von weit über 70 Prozent der Menschen in den Euro-Ländern ist eine ganz andere, auch die konkrete Erfahrung beim Blick in die Brieftasche zum Monatsende. In diesem Fall ist es populistisch und gleichzeitig vernünftig, sich auf den Eindruck der Menschen zu verlassen, und nicht auf Zahlen, die errechnet worden sind. Denn die Statistiker werden antworten: Die Inflation ist wirklich gering, aber die Leute verdienen heute weniger, weil es quer durch die Branchen bei jedem Jobwechsel Lohnkürzungen gibt. Der normale Arbeitnehmer ist nicht in der Lage, bei einem Jobwechsel sein schon einmal erreichtes Einkommen wieder zu erzielen. Was die Statistiker nicht sagen, ist, dass dieser Druck auf die Löhne einer der Gründe für die niedrige Inflationsrate ist. Wenn es also auch volkswirtschaftlich nicht ganz richtig ist, dass der Euro alles teurer gemacht hat, so stimmt doch, dass seit der Einführung des Euro die Löhne stagnieren und Waren des täglichen Bedarfs sich deutlich über der Durchschnittsinflationsrate verteuern. Also ist die Wahrnehmung, über weniger Geld als vor der Einführung des Euro zu verfügen, korrekt. Womit es berechtigt ist, in populistischer Vereinfachung vom Teuro zu sprechen. Die Leute wissen, was man meint, und haben das Gefühl, verstanden und in ihren Sorgen ernst genommen zu werden. Das ist das Wesen des Populismus. Und von dieser Art Populismus würden wir deutlich mehr brauchen.

Das setzt aber voraus, dass die öffentlichen Meinungsmacher endlich damit aufhören, Leute wie Le Pen, Haider, Strache & Co. zu »Populisten« zu verniedlichen. Diese Leute haben die täglichen Sorgen der Menschen nie ernst genommen, sondern nur dazu missbraucht, ihre menschenfeindlichen Ziele zu erreichen. Haider hat das in seiner Koalition mit Schüssel zur Genüge bewiesen. Immer das flotte Lied vom »kleinen Mann« auf den Lippen, wurden genau diese kleinen Leute von der FPÖ »verraten und verkauft«. Erst die FPÖ ermöglichte der ÖVP eine Politik im alleinigen Interesse großer Konzerne unter Schädigung des Mittelstands. Man sollte also Rechtsradikale ruhig rechtsradikal nennen, und Populisten von mir aus populistisch. Aber auf einen ernst zu nehmenden populistischen Politiker, einen, der die Nöte der Leute spürt, auf ihre Probleme reagiert, und nicht einfach nur die alte, in diversen EU-Verträgen festgezurrte Politik fortsetzt, auf so einen Politiker (oder auf so eine Politikerin) muss nicht nur Österreich, sondern ganz Europa noch eine Weile warten. Ein großer Teil unserer Abgeordneten predigt sonntags gegen jenen neoliberalen Wahn, dem sie während der folgenden Arbeitswoche willig selbst frönen. Zu wünschen ist ein Populismus, dessen Sonntagsreden sich am Montag in inhaltsgleichem Abstimmungsverhalten der gewählten Volksrepräsentanten wiederfinden. Davon sind wir noch meilenweit entfernt.

Müde ATTACken

Ernüchtert vom Zusammenbruch des Ostblocks, des angeblich »real existierenden Sozialismus«, ernüchtert aber auch von der Fadesse herkömmlicher Politik, zieht es die Menschen kaum mehr in die alteingesessenen Institutionen. Egal ob Kirche, Gewerkschaft oder Parteien, alle haben eine lange Geschichte sowohl großartiger Erfolge als auch unglaublicher Skandale. Was sie heute nur in sehr geringem Maß haben, ist eine Mindestanziehungskraft auf die meisten Menschen. Die wollen sich nicht mehr eng an eine bestimmte Institution und damit an deren »Gesamtwahrheit« binden. Man will wegen des Schnitzels nicht mehr das ganze Schwein kaufen. Weltanschauungen gelten als überflüssiger Ballast; Religionen und Kirchen sind zu Stätten einer wellness-suchenden Selbstbedienungsphiolosophie geworden; Gewerkschaften mögen gefälligst Kollektivvertragserhöhungen herbeischaffen, und einen nicht mit Grundsatzdiskussionen belästigen (und auf die BAWAG hätten sie halt besser aufpassen sollen). Und Parteien? Wozu die gut sind, weiß ohnedies kaum wer, außer jenen, denen sie Posten und Pöstchen beschaffen. Wertehaltungen sind eine charakterliche Verbildung, die einen beim freien Konkurrenzkampf behindern und zum Wettbewerbskrüppel machen.

So weit so klar.

So weit so unklar.

Denn immer wieder taucht das Bedürfnis auf, sich trotzdem einzumischen. Meist geht es um die kleine Beunruhigung nebenan. Ein Straßenneubau, eine Fabriksansiedlung, eine laute Nacht-Disco. Hier ist Widerstand gefragt. Kein Mensch kann all die Bürgerinitiativen aufzählen, die derzeit tätig sind, um das eigene Grätzel zu schützen und den Lärm möglichst nach nebenan zu verlagern. Die Anti-Handy-Masten-Bewegung ist ein leuchtendes Beispiel für diese Art von Initiativen, denn natürlich ist man auch dort auf Basis von SMS organisiert.

Es geht aber auch ernsthafter. Wer früher, noch in den 1970er Jahren, entdeckte, dass die Welt einschneidender Veränderungen bedarf (aber auch, wer vom genauen Gegenteil überzeugt war), engagierte sich im breiten Spektrum der politischen Parteien oder religiösen Organisationen. Sie boten für alle Lebensfragen Antworten, sorgten mit ihren Vereinen und Presseerzeugnissen für eine Rundumbetreuung der Mitglieder, und ließen auch sonst kaum Fragen offen. Sie deckten alle Bereiche des Lebens lückenlos ab. Es waren die von einander so weit entfernten Welten des überzeugten Karl-Marx-Hof-Bewohners mit seinen drei Pfeilen am Fenstersims und andererseits die des wohlhabenden und ebenso überzeugten Wohnungseigentümers mit dem symbolischen Bienenkorb aus Gips über dem Hauseingang. Dazwischen sowie links und rechts davon gab es noch ein paar Zusatznuancen.

Auch wenn die dazugehörigen Häuser noch stehen: Diese Welt ist tot. Auf leisen Sohlen ins Nirvana entsorgter Ideen verschwunden. Wer heute überhaupt noch auf die verrückte Idee kommt, die Welt sei veränderbar, und ausgerechnet er oder sie sei dazu aufgerufen, an dieser Veränderung mitzuarbeiten, wird mit der Erkenntnis konfrontiert, dass die ganze Welt auf einmal zu verändern eine gar umfangreiche Aufgabe ist. Also besser bescheiden beginnen. Je nach persönlicher Neigung wird man bei einer so genannten Single-Issue-Bewegung landen, die sich vorwiegend auf ein Aufgabenfeld konzentriert. Ein Tierschutzverein etwa. Wem das noch zu allgemein ist, der kann sich in Vereinen gegen Tierversuche oder gegen die Zucht von Pelztieren engagieren. Man kann sich allgemein für den Umweltschutz einsetzen, aber seinen Blick auch auf das Abschmelzen Grönlands oder das Aufweichen der Tundra-Böden richten. Wie gesagt: der Wellness-Laden hält einiges bereit.

Eine dieser Bewegungen war und ist ATTAC (»Association pour une Taxation des Transactions financières pour l'Aide aux Cityoens«). Ursprünglich nur zu einem Zweck gegründet, nämlich die Tobin-Steuer auf Finanztransaktionen einzuführen, sieht sie sich heute als Speerspitze der Globalisierungskritik.

(Anmerkung: Bei den folgenden Ausführungen beziehe ich mich vorwiegend auf das Buch »50 Vorschläge für eine gerechtere Welt« von Christian Felber. Der Autor ist Mitbegründer von ATTAC-Österreich, und das Buch gibt einen sehr guten Überblick über die Gedankenwelt und Methodik von ATTAC.)

Doch ATTAC hat einen Geburtsfehler, nämlich die Konzentration auf die Tobin-Steuer, die ursprünglich sogar als Allheilmittel gegen die neoliberale Globalisierungspolitik gesehen wurde. Für den Nobelpreisträger der Wirtschaftswissenschaften, James Tobin, war diese Steuer nur der Versuch, stabile Wechselkurse herzustellen, also im Rahmen neoliberaler Politik. Er hat sich auch bis an sein Lebensende heftig gegen den Missbrauch seiner Idee und seines Namens gewehrt. Entscheidender ist jedoch, dass die Einführung einer solchen Steuer so gut wie nicht praktizierbar ist, auch wenn ATTAC immer wieder das Gegenteil behauptet. Die Steuer scheitert daran, dass sie weltweit in allen Staaten eingehoben werden müsste, um wirksam zu werden. Ziemlich naiv das Gegenargument von ATTAC: 82 Prozent des globalen Devisenhandels würden in nur acht Staaten durchgeführt. Dort könne man beginnen, und gegen ein Ausweichen in andere Staaten könne man sich mit einer Art »Maut« behelfen. Außerdem sei die Infrastruktur zu kompakt und zentral, um ausgelagert zu werden, zudem müsste etwa die Euro-Spekulation, wenn man sie in Singapur betreibt, in die Nacht verlegt werden. Dem kann der technisch Versierte nur das gleiche milde Lächeln entgegensetzen wie jeder Kenner des internationalen Börsenhandels. Denn der Händler in London würde sein Büro nicht einmal verlassen müssen, um in Singapur handeln zu können (das tut er heute schon mit bestem Blick auf die St. Paul's Cathedral). Jeder Privatmann kann online von seinem PC in Gramatneusiedl aus Aktien in London kaufen und verkaufen. Weshalb sollten die großen Devisenhändler das nicht zuwege bringen? Diese Vorstellung ist absurd. Auch das Argument mit der Nachtschicht ist gar schlicht. Börsenhandel findet heute weltweit und rund um die Uhr statt.

Sollte es wider jede Wahrscheinlichkeit gelingen, die Tobin-Tax nach dem Konzept von ATTAC einzuführen, darf man davon ausgehen, dass innerhalb von Stunden der Handel sogar über Börsenplätze abgewickelt wird, von denen heute kein Mensch annehmen würde, dass es dort überhaupt Strom gibt. Und kein Broker aus den acht Haupthandelstaaten würde sich auch nur um einen Millimeter aus seinem Büro weg bewegen.

Nun ist aber die Schwierigkeit der Einführung allein noch kein schlagendes Argument gegen eine Maßnahme. Vieles, was heute selbstverständlich erscheint, musste gegen große Widerstände eingeführt werden. Aber selbst wenn die Einführung gelingt, so bleibt das Spektakel doch wirkungslos. Wie ATTAC selbst sagt, ist der Kreis der Banken, die am ganz großen Devisenrad drehen, ziemlich klein. Man geht von rund 25 Instituten aus. Die Tobin-Steuer würde Druck auf diese Institute ausüben, und sie zwingen, ihre Kräfte zu bündeln, um größere Kursschwankungen zu erzielen, welche die Tobin-Tax ins Leere laufen lassen. (Vereinfacht gesagt: Die Kursschwankung muss über der Tobin-Tax liegen, schon läuft die Steuer ins Leere.)

Ein weiteres Problem besteht darin, dass die kleinen Devisenschwankungen, die das Intraday-Trading (Kauf und Verkauf eines Börsenwertes am selben Tag) nutzt, genau dadurch wieder einem Marktgleichgewicht zugeführt werden. Statistisch-empirische Untersuchungen zeigen, dass mit dem Ausschalten der Devisenspekulation auf diese Kleindifferenzen die Kursschwankungen auf den Märkten verstärkt würden, da es einen statistischen Zusammenhang zwischen investierten Transaktionskosten und der Volatilität (Schwankungsbereitschaft) von Devisenkursen gibt.

Eine Tobin-Tax würde nur mit einer strengen Devisenverkehrskontrolle funktionieren. Wenn man aber mittels strenger Kontrolle verhindert, dass Geschäfte ohne realwirtschaftlichen Bezug getätigt werden, braucht man keine Tobin-Tax mehr. Da eine solche Devisenverkehrs-Kontrolle es auch erschweren würde, Kapital und Gewinne unkontrolliert weltweit zu verschieben, stellt sich die Frage, warum man den Umweg über eine Steuer wählen sollte. Der Vorteil einer Devisenbewirtschaftung wäre, dass er sogar von der EU im Alleingang durchgesetzt werden könnte – nämlich für ihr eigenes Territorium und für ihre eigene Währung, den Euro. Wie realistisch eine solche Änderung im Devisenhandel ist, kann man nur schwer abschätzen. Aus heutiger Sicht ist in der EU dafür keine Mehrheit zu erkennen. Jedoch wird die Tobin-Steuer neuerdings auch von fanatischen Freihändlern unterstützt (zuletzt auch in Österreich von Wolfgang Schüssel). Offenbar hat man erkannt, dass diese Steuer ein Placebo ist, das seine Wirkung nur in der Einbildung der Menschen entfaltet (»Wir haben die Spekulation im Griff«), die realen Finanzströme aber nur vorübergehend behindern könnte. Man hat für die Bevölkerung gut sichtbar etwas gegen die bösen Spekulanten getan, am System nichts geändert, und kann in aller Ruhe die Geschäfte wie bisher weiterführen. Und ein paar Euro-Cents klingeln auch in den EU-Kassen …

Die Tobin-Steuer ist eine Art Deus-ex-machina der modernen Politik. Ratlose Gewerkschafter, orientierungslose Sozialdemokraten und neoliberale Christlichsoziale haben hier ein Vehikel gefunden, das allen Wünschen gerecht wird: Die arbeitslosen Massen werden beruhigt, die sich vor der

Arbeitslosigkeit noch fürchtenden Beschäftigten ebenso. Die Märkte gehen mit einem Achselzucken weiter ihren Geschäften nach. Alle haben »a Freud«, und keiner spürt etwas von der Steuer. Das System in seinem Kern zu überdenken, bleibt allen erspart. Es ist geradezu ein Wunder, dass es in einer immer komplexer werdenden Welt die Tobin-Steuer ganz allein schafft, den bösen Drachen der entfesselten Finanzmärkte zu erlegen. Als ob einfache Lösungen je eine Antwort auf komplexe Probleme gewesen wären (und vergessen wir nicht: Tobin wollte ein relativ einfaches Problem lösen).

Auffällig bei allen Vorschlägen von ATTAC ist, dass keine der Maßnahmen das System »Kapitalismus« in Frage stellt. Genau da liegt aber meist der Schwachpunkt. Man kann nicht für das Verbot von Hedgefonds sein und gleichzeitig für die soziale Marktwirtschaft. Hedgefonds sind aus der Sicht des kapitalistischen Systems ein unverzichtbares Mittel, um dem industriellen Kapital das Kursrisiko der schwankenden Rohstoffpreise vom Hals zu halten, genau genommen eine Versicherung, die es der Industrie ermöglicht, Währungs- und Rohstoffpreisrisiken gegen eine fix kalkulierbare Prämie an Spekulanten abzutreten. Im Rahmen des kapitalistischen Wirtschaftskreislaufs ist das eine sinnvolle Einrichtung. Die Schwierigkeit beginnt, wenn dem Hedging keine realen Wirtschaftsvorgänge zugrunde liegen. Die Theorie ist vereinfacht die, dass das Finanzkapital immer höhere Renditen erwirtschaften will als in der Realwirtschaft möglich, und daher darauf verzichtet, in Fabriken zu investieren und lieber an den Finanzmärkten spekuliert. Wenn man daher die Finanzspekulation verbietet (auf nichts anderes läuft ein Verbot der

Hedgefonds hinaus), würde das Kapital in die Realwirtschaft zurückfließen, es würden Fabriken und sonstige Realinvestitionen und damit Arbeitsplätze entstehen, das wiederum würde Wachstum generieren, und alle wären glücklich und froh.

Die Beobachtung, dass das Finanzkapital das Realkapital überwuchert und dominiert, ist richtig. Dieser Prozess konnte schon am Beginn des 20. Jahrhunderts festgestellt werden und hat durch die neuen Informationstechnologien eine vollkommen andere, gefährliche Dimension erreicht. Aber der Rest der Analyse ist falsch. Man bleibt auf halbem Weg stehen. Der Rückzug aus der Realwirtschaft begann schon zu Beginn der 1970er Jahre. Folgt man der Argumentation von ATTAC, dann deshalb, weil das Währungsabkommen von Bretton Woods (ein komplexes System fester Wechselkurse) auslief, wodurch es für das Kapital profitabler geworden ist, in Finanzanlagen zu gehen. Mit wegfallenden Devisenbeschränkungen entstand ein völlig neuer Markt mit neuen Dimensionen der Profiterzielung. Aber die Argumentation stimmt so nicht.

Vielmehr stieß der Kapitalismus nach den Jahren des Wiederaufbaus der durch den Zweiten Weltkrieg verwüsteten europäischen Industrie und Infrastruktur an die Grenzen seiner Verwertungsmöglichkeiten. Durch die rasanten Wachstumsraten hatten sich derart hohe Kapitalmengen gebildet, dass es nicht mehr möglich war, diese Beträge rentabel zu investieren. Es hatte keinen Sinn, zusätzliche Fabriken zu bauen, da für erweiterte Produktionsmengen keine Absatzmärkte vorhanden waren, also auch keine Chance auf

Gewinne. In diesen Jahren sprach man von Siemens ironisch als einem der größten Bankinstitute Deutschlands, da ein großer Teil der Gewinne aus der Verwaltung des angehäuften Finanzkapitals stammte. Die Großkonzerne (mit Ausnahme der Stahlindustrie) saßen weltweit auf Unmengen von schwer verzinslichem Kapital, teilweise gefangen innerhalb der Grenzen des Nationalstaates. Der Ausbau der Industrieanlagen hätte nur Überkapazitäten geschaffen und folglich Kapital vernichtet. Das hätte zwar das Verzinsungsproblem gelöst (wie es sonst etwa Kriege bewirken), aber kein Management wird wissentlich das Geld beim Fenster hinauswerfen, um weniger Kapital in den Zinskreislauf einführen zu müssen.

Das Problem der stockenden Kapitalverwertung ist nicht neu und wurde schon von klassischen Nationalökonomen wie David Ricardo (1772–1823) mit großer Sorge festgestellt. So, wie es in einer endlichen Welt keine unbegrenzten Ressourcen gibt, genau so wenig gibt es in einer endlichen Welt unendliches Kapitalwachstum. Die stockende Kapitalverwertung ist nichts anderes als die spezifisch kapitalistische Erscheinungsform der Grenzen des natürlichen Wachstums.

Bis heute ist dieser Widerspruch zwischen anlagesuchendem Kapital und anlagebietenden Investitionen nicht gelöst. Hinter diesem Mechanismus verbirgt sich die eigentliche Krisenanfälligkeit des Kapitals, und er ist der Grund dafür, warum die Produktion von Reichtum innerhalb eines kapitalistischen Produktionsprozesses immer auch zur Produktion von Armut führt. Dies kann immer nur phasenweise, wie eben nach den riesigen Zerstörungen durch den Zweiten

Weltkrieg, aufgehoben werden. Sobald aber Marktsättigung einsetzt, beginnt auch die Kapitalverwertung zu stocken, die Investitionen in reale Sachgüter gehen zurück, Arbeitskräfte werden aus der Produktion entfernt und zu Arbeitslosen. Dieser Prozess mangelnder Kapitalverwertung läuft seit Beginn der 1970er Jahre und erklärt, warum wir seit damals mit einer »jobless growth« zu leben haben.

Daher hat nicht die Aufhebung von Bretton Woods zu dieser Situation geführt, sondern das Finanzkapital, das keine gewinnbringende Anlage mehr fand, forderte die Aufhebung der Schranken von Bretton Woods, um sich weltweit ausbreiten und neue Anlageformen finden zu können. Der Versuch, diese Entwicklung mit einem neuen Bretton Woods in den Griff zu bekommen, würde zu massiven Auseinandersetzungen mit den international operierenden Fonds führen und wäre nur zu gewinnen, wenn die großen Wirtschaftsmächte Europa, Japan und USA gemeinsam vorgehen und entsprechende Devisenverkehrskontrollen einführen würden. Allerdings würde das ein Problem nicht lösen: Massenhaft frei werdendes Finanzkapital würde auf den Märkten vagabundieren und Anlage suchen. Es müssten also Produktionskapazitäten geschaffen werden, die kein Mensch braucht. Das würde niemand tun. Welche konkreten Folgen ein solches Szenario in der Realwirtschaft hätte, kann niemand abschätzen. Sicher ist nur, dass es für solche Maßnahmen die Bereitschaft geben müsste, die Begrenzungen der momentan herrschenden Formen der Kapitalverwertung zu überschreiten und einen Kapitalismus neuer Qualität in Gang zu setzen, der in der Lage ist, auch ohne Wachstum und irreale Zinsansprüche die Wirtschaft im Laufen zu halten und Wohlstand zu generieren. Dringend gesucht ist also ein Kapitalismus mit systemtranszendierenden Eigenschaften, der sich quasi selbst übersteigt, an den eigenen Haaren aus dem Sumpf ziehen kann, nicht aber ein bloß mühsam gezähmtes Raubtier.

Daran kann man erkennen, wie naiv die Vorschläge von ATTAC sind. Warum sollte etwa ein Land wie China freiwillig darauf verzichten, seine immensen Konkurrenzvorteile auszuspielen und die Märkte der westlichen Industrienationen platt zu walzen? Da geht es nicht nur um Geld, sondern auch um Herrschaftsansprüche, um politische Einflusssphären und vieles mehr. Für ein diktatorisch geführtes Land wie China, versehen mit einer eigenen Mischung aus asiatischer Produktionsweise und autoritärem Kapitalismus, ist es aus eigener Sicht mindestens so vernünftig, sich auf diesen Machtkampf einzulassen, wie es uns vernünftig scheinen würde, wenn dieses Land sich darauf beschränkte, Wohlstand und Demokratie erst einmal im eigenen Land herzustellen, bevor man mit seinen Produkten auf den Weltmarkt geht.

Mindestens so naiv ist der ATTAC-Vorschlag der Gerechtigkeitsformel 20-10, also dass niemand mehr als zehn Millionen Euro Privatvermögen besitzen dürfe, und dass die Spitzeneinkommen nicht mehr als das zwanzigfache der Mindestlöhne betragen dürfen. Christian Felber etwa argumentiert in seinem Buch, dass ein Bill Gates sich auch von diesen Beschränkungen nicht abhalten hätte lassen, seine Programme zu entwickeln. Da hat Felber sicher Recht. Aber wenn wir schon von Microsoft sprechen: Der Mitbegründer Paul Allen besitzt die größte und die drittgrößte Yacht in Privateigentum.

Die größte Yacht namens »Octopus« ist 127 Meter lang, hat ein eigenes U-Boot an Bord, zwei Hubschrauber und 60 Mann Besatzung. Die jährlichen Betriebs- und Unterhaltskosten betragen das Doppelte dessen, was Felber als Privatvermögen zugesteht. Angesichts solcher Dimensionen an so etwas wie Vernunft zu appellieren, lässt auf eine tiefgehende Unkenntnis über das Wesen des Menschen schließen.

Man kann den Wunsch, solche Art von Besitz anzuhäufen, als Gier oder fehlgeleitetes Nestbausyndrom sehen. Aber solche Verhaltensweisen sind tief im Menschen verwurzelt und Teil unseres nicht immer leicht zu (er)tragenden evolutionären Erbes. Unsere genetische Ausstattung baut darauf auf, dass unsere Gattung (wie fast alle Gattungen) immer unter Bedingungen des Mangels leben musste, zumindest aber unter beschränktem Zugriff auf Ressourcen. Habgier, Gier, Neid und wie all die liebenswerten Eigenschaften auch heißen, mit denen das Menschengeschlecht seine eigenen Mitglieder straft, sind Ergebnis der Anpassung Tausender Generationen an beschränkten Zugang zu Nahrung und andere lebensnotwendige Ressourcen.

In der Kleingruppe, in der wir unsere evolutionäre Prägung erhalten haben, waren Mitleid, Hass, Egoismus, Gier und altruistische Anteilnahme halbwegs in Balance. Wir mussten nur ins Gesicht unseres Nächsten blicken, um zu sehen, was eine unserer Handlungen bewirken konnte. Gegenüber den Mitgliedern der benachbarten Gruppe waren wir, nach allem was man heute weiß, schon wesentlich weniger mitleidig. Aber wir haben überhaupt keine Sensoren dafür, dass in einem sehr großen geschlossenen System (und nichts anderes ist das Raumschiff Erde), der übermäßige Reichtum des einen die Armut des anderen befördert. Ganz banal: Wir sehen keinen Zusammenhang zwischen der Vergeudung trinkbaren Wassers bei der Klosettspülung und dem Tagesmarsch einer afrikanischen Frau, um die paar Liter Wasser herbeizuschaffen, die das Überleben sichern.

Vernunft und Einsicht sind respektable Gesellinnen, aber etwas langsam von Begriff. Die Aufklärung dauert schon mehr als 200 Jahre und wird wohl mindestens noch einmal so lang brauchen. Selbst das ist eine optimistische Annahme.

Alle Vorschläge von ATTAC folgen einem einfachen Schema: Durch die Beschränkung des Finanzkapitals soll das Industriekapital gestärkt werden und wieder Arbeitsplätze schaffen. Dabei geht man unausgesprochen davon aus, dass es das »gute« Industriekapital und das »böse« Finanzkapital gibt.

Machtfragen werden so gut wie immer ausgeklammert. Es geht um den guten Willen von Regierungen, die dann die Vorschläge von ATTAC nur mehr beschließen müssen. Hier findet es sich wieder, jenes seltsam autoritäre Verständnis vom »Regieren«, dem auch einige der österreichischen Meister-Essayisten anhängen. Aber der wichtigste Mangel der ATTAC-Rezeptesammlung ist es, dass ATTAC über kein begriffliches Verständnis des Kapitalismus verfügt. ATTAC hat keine Theorie über die Funktionsweisen des Kapitals und keine Vorstellung von Kapitalismus, beschränkt sich in Wirklichkeit darauf, zu glauben, dass er genau so funktioniert, wie es die Neoliberalen beschreiben, und versucht, alle Vorschläge so auszugestalten, dass dieser Kapitalismus nur nicht in seinem Wesen verändert wird. Ein anderer als der bestehende Kapitalismus ist nicht denkbar, eine Welt jenseits des Kapitalismus ist nicht vorstellbar. Nur was sich möglichst reibungslos in das Marktgeschehen eingliedern lässt, hat bei ATTAC eine Chance, zum Vorschlag zu werden. Man will den Markt dadurch schlagen, dass man seine Gesetze anerkennt und gegen ihn verwendet. Man muss kein großer Prognostiker sein, um voraussagen zu können, dass das nicht gelingen wird. Der Kapitalismus ist nur domestizierbar, solange man ihm eine Alternative vor die Nase halten kann, die über ihn hinausweist. Eine solche Alternative war einst der sozialdemokratisch reformierte Wohlstandsstaat auf kapitalistischer Basis, vereinfacht gesagt: die soziale Marktwirtschaft. ATTAC hat keine solche Perspektive, ist am Ende der Geschichte angelangt. Nach dem Kapitalismus kommt nur mehr das Wundpflaster.

Man ist zwar der Meinung, dass die irdischen Ressourcen begrenzt sind, alle Maßnahmen von ATTAC setzen aber darauf, das Wachstum so anzukurbeln, dass neue Arbeitsplätze entstehen. Wie das funktionieren soll, weiß ATTAC nicht. Allerdings wird diese Frage auch nicht gestellt, da man übersieht, dass nicht nur natürliche Wachstumsgrenzen bestehen, sondern auch systemimmanente.

Wenn die Sozialdemokratie vom Arzt zum Kurpfuscher am Krankenbett des Kapitalismus geworden ist, so stellt sich die Frage, wo der Platz von ATTAC in diesem Szenario ist. Vermutlich die des Ferialpraktikanten, der immer dann, wenn der Oberarzt wegschaut, schnell ein Pflaster auf eine der blutverspritzenden offenen Stellen am Körper des

Kapitals klebt. Dass die Sozialdemokratie heute über weite Strecken bei dieser Therapie mithilft, macht die Sache leider nicht besser.

Bei aller Kritik darf man ATTAC einen nicht zu unterschätzendes Verdienst dennoch nicht absprechen, nämlich die globale Verteilung des Wohlstandes und die damit zusammenhängenden Fragen betreffend den demokratischen Zustand unserer Welt wieder zum Thema gemacht zu haben.

2. Teil:
Kontraindiziert

Eitelkeit statt Arbeitspflicht

Ein Dramolett, das alle Fragen löst

Nachdem der Chef der SPD und Ministerpräsident von Rheinland-Pfalz einen Arbeitslosen, der ihn wegen Hartz IV attackierte, mit den Worten »Wenn Sie sich waschen und rasieren, dann haben Sie in drei Wochen einen Job« zurechtwies, geht ein Ruck durch Deutschland. Durch Europa. Durch die Welt. Die BILD erscheint mit der Schlagzeile: »Wir sind Friseur«

Zwei SPD-Funktionäre sitzen bei je einem Kölsch in der Kneipe.

1. Funktionär: Wie viele sind es heute?
2. Funktionär: Gestern waren es vier Millionen, heute sind es drei Millionen.
1. Funktionär: Morgen werden es zwei Millionen sein.
2. Funktionär: Und übermorgen eine Million. Die Arbeitslosen schmelzen nur so dahin.
1. Funktionär: Noch nie war Deutschland so sauber.
2. Funktionär: Und so adrett.
1. Funktionär: Gewaschen und gekampelt. So soll es sein.
2. Funktionär: Der Sozialstaat braucht Sauberkeit.
1. Funktionär: Und viele Friseure.
2. Funktionär: Und Friseusen.
Beide gemeinsam: Friseure und Friseusen.
1. Funktionär: Die berühmte Becksche Arbeitslosen-Substi-

tutionsraten-Formel.

2. Funktionär: Jeder im Friseurgewerbe geschaffene Arbeitsplatz verringert die Arbeitslosigkeit um 160 Personen.

1. Funktionär: Das gab es noch nie. Diese Produktivität!

2. Funktionär: Das ließe sich noch steigern, aber ab 250 Personen sinkt die Wirksamkeit wieder.

1. Funktionär: Wieso?

2. Funktionär: Wenn eine Person mehr als 250 Leute im Monat frisiert und wäscht, schauen die nachher noch immer unfrisiert und ungewaschen aus. Das Beck-Optimum liegt übrigens bei 180, da schauen die Leute noch adrett aus, aber das Arbeitstempo macht noch nicht krank.

1. Funktionär: Muss man alles bedenken, wenn der Sozialstaat funktionieren soll.

2. Funktionär: Da kennen wir uns aus. Beim Sozialstaat macht uns keiner was vor.

1. Funktionär: Die Franzosen werben uns schon Friseure ab.

2. Funktionär: Das muss Europa lösen. Vielleicht mit Billigfriseur-Einfuhren aus China.

1. Funktionär: Du bist ein Genie. Die Chinesen müssen schmutzig bleiben.

2. Funktionär: Die Becksche Arbeitslosen-Substitutionsraten-Kapitalumkehrformel.

1. Funktionär: Jede aus dem chinesischen Friseurgewerbe nach Europa abgeworbene Person verringert das chinesische Arbeitskräfteangebot am Weltmarkt um 160 Personen.

2. Funktionär: Haareschneiden ist die erste Bürgerpflicht.

1. Funktionär: Ohne Seife gibts kein Glück.

2. Funktionär: Trotzdem machen mir die Chinesen Sorgen.

1. Funktionär: Warum?

2. Funktionär: Stell Dir vor, die lassen alle gleichzeitig das Rasiermesser fallen!

1. Funktionär: Dann sind wir hin.

2. Funktionär: Du sagst es.

Einübungen in den Neoliberalismus

a) Der Czerny-Krüppel als Modell

Wer jemals Klavierspielen lernen musste, dem sind sie unvergessene Qual: Die Czerny-Etüden, die berüchtigte »Schule der Geläufigkeit« des Wieners Karl Czerny (1791–1857), gleichermaßen bekannt für ihre Unmusikalität als auch für die Ansprüche, die sie an die Fingerfertigkeit angehender Pianisten stellt. Es ist eine Quälerei für alle – für die Lehrlinge, die sich verzweifelt die Finger zerspragelн, ohne Halt an einer wärmenden Melodie zu finden, nur ödes Rauf- und Runtergedudel entlang endloser Notenläufe, die sich ihrerseits wiederum eng an eine Tonleiter schmiegen. Hin und wieder ein unerwarteter Haken, der einerseits die ohnedies kaum erlangbare Harmonie stört und andererseits den eben erst gefundenen Rhythmus gleich wieder aus dem Takt bringt.

Aber auch Familie und Nachbarn bekamen das Ihre ab. Das Metronom zerhackte die Zeit unbarmherzig in kleine Zeiteinheiten, in die es eine, zwei oder noch mehr Noten zu stopfen galt. Dazu dann eben der Versuch des Übenden, die gedruckten Noten in Übereinstimmung mit den Anforderungen von Rhythmus, Melodik und dramaturgischem Ablauf zu bringen. Ein meist verzweifelt scheiterndes Unterfangen. Die wenigen Erfolgreichen lachen von den Konzertplakaten in aller Welt. Als Mitbewohner wurde man zwangsläufig selbst zum Mitopfer dieses skurrilen Technikwahns. Drei Stunden täglich war das Minimum, Talent vorausgesetzt. Bei mangelndem Talent erhöhten die Klavierlehrer die Dosis gerne auf bis zu sechs Stunden am Tag. Denn viel nützt auch viel. Es geht das Gerücht, die Blütezeit des Wiener Kaffeehauses habe gleichzeitig mit der Blütezeit der Czerny-Etüden im Bürgerhaushalt stattgefunden. Wer immer konnte, floh während der Übungsstunden ins nächstgelegene Café. Es spricht einiges dafür, dass diese Theorie stimmt. Denn auch die Nachbarn blieben nicht verschont. So solide die alten Bürgerhäuser auch gebaut sein mögen, einem weit ausladenden Bösendorfer-Konzertflügel hatten sie nichts entgegenzusetzen. Die Parkettböden schwangen trotzig-behäbig mit, die Mauern setzten dem Schall keinen Widerstand entgegen. Es war egal, ob man im Zimmer oder im Nebenzimmer stand, und ebenso egal war es, ob man nun ein Stockwerk über oder unter der übenden Person wohnte. Selbst mehrere Stockwerke durchkletterte der echte Bösendorfer-Konzertflügelton mit jener Leichtigkeit, die eigentlich dem Übenden abverlangt war. So kam es zu dem Paradox, dass schwere, dumpfe Töne sich mit größter Leichtigkeit und Grazie von Stock zu Stock, ja von Haus zu Haus weiterbewegten, und die Cafés sich mit Flüchtlingen füllten, während die Bürgerhäuser sich leerten.

Die jahrelang gequälten Klavierspieler wurden zu so genannten Czerny-Krüppeln. Egal welche Etüde man ihnen vorlegte, sie setzten das Metronom in Gang, ließen ihre Finger über die Tasten rasen und übten Geläufigkeit. Es klang immer gleich, gleich exakt und gleich fad. Ganz egal ob man den Sohn von Onkel Egon hörte oder die Tochter von Tante Clara. Alles Czerny! Gab man ihnen Beethoven: Czerny. Selbst Mozart wurde von diesen stumpf gewordenen Gehirnen mit ihren flinken Fingern zu Czerny verhackt. Czerny entging man nicht. Ihre Gehirne waren im Lauf der Jahre zu Czerny-Gehirnen degeneriert, wahrscheinlich eine Frühform der »Bovinen Spongiformen Enzephalopathie«, auch BSE genannt. Manche sprachen sogar in Czerny-Endlos-Schleifen, haspelten die Worte in 64tel-Noten hinaus in die Welt. Czerny-Krüppel eben. Die perfekten Musikmaschinen. Für das Musizieren leider unbrauchbar.

Dieses Czerny-Verformungssyndrom ist nur eine bestimmte Erscheinungsform extremer Konditionierung. Man war ganz Notenblatt, war einzelne Note und Zeilenspiegel in einem. Musste keine Sekunde denken. Die Noten kugelten nur so raus aus einem, der richtige Finger fand ganz automatisch die richtige Taste, da bedurfte es keines auch nur sekundenkurzen Gedankens. Das Denken war auszuschalten, die Finger übernahmen die Herrschaft. Es bedurfte jahrelanger Übung, bis diese Konditionierung wirklich perfekt griff.

Gesellschaften brauchen Czerny-Krüppel. Ganz besonders das neoliberale Gesellschaftsmodell. Die Menschen müssen automatisch funktionieren, sollen keine Fragen stellen, welche die ungelenkten Warenströme stocken lassen könnten. Bei einer Beethoven-Klaviersonate stellt sich bei jeder einzelnen Note die Frage, warum sie gerade hier steht, warum sie gerade mit dieser Betonung und Länge aufgeschrieben wurde. Czerny-Noten sind keine Fragen, sondern Antworten. Eigentlich sollten im neoliberalen Zeitalter alle Menschen zu Czerny-Etüden vergattert werden. Der Czerny-Mensch steht weder den Noten noch den Warenströmen im Weg. Er sieht nirgendwo Fragen, überall nur Antworten. Eine Triole ist eine Triole, weil sie eine Triole ist. Nicht weil der Komponist hier eine kurze Dynamisierung des Stücks wollte. Beethoven vielleicht, Czerny niemals! Der Czerny-Mensch ist der ideale Bewohner des Neoliberalozoikums. Er steht nie im Weg, stellt keine Fragen, aber kennt alle Antworten. Eine 64stel-Note ist eine 64stel-Note. Und Menschen brauchen Konditionierung. So einfach ist das.

Nun darf man sich nicht vorstellen, dass irgendwo auf der Welt, vielleicht in einer dunklen Burg, jemand hockt und die Fäden zieht. Die geheimnisvolle Macht, die ihre bösen Gedanken plant und auf die Menschheit loslässt, wird nie gefunden werden, da inexistent, auch wenn die Menschen im Allgemeinen eine Vorliebe für solche Verschwörungstheorien haben. Den neoliberalen Weltgeist, der dafür sorgt, dass alles dem neoliberalen Lehrbuch entsprechend läuft, gibt es nicht. Aber es ist ein wenig wie mit der Evolution: Was sich anpasst, hat höhere Überlebenschancen. Angepasste Menschen, die idealen Erfüllungsgehilfen eines neoliberalen Systems, entstehen zufällig. Kein Zufall jedoch ist es, dass sie überleben, wenn sich solch eine zufällige Anpassung bewährt. Gleichzeitig muss man davon ausgehen, dass neoliberales Denken auf allen Ebenen stattfindet, sich überall durchsetzt. Alle Lebensbereiche werden mit Neoliberalismus durchflutet (entsprechend der alten Forderung von Bruno Kreisky, die Gesellschaft mit Demokratie zu durchfluten). Dabei kommt es automatisch zu Konditionierungsprozessen, da der Neoliberalismus ein bestimmtes Menschenbild hat, das auf natürliche Art in zeitgeistige Vorstellungen des Menschseins mit einfließt. Das Quizspiel einer konservativen Jungschargruppe der katholischen Kirche wird automatisch anders aussehen als das einer satanistischen Sekte. Da braucht es keinen großen Fädenzieher im Hintergrund. Das verbreitete Menschenbild entfaltet hier ganz von allein seine Wirkung und ist gleichzeitig wiederum selbstverstärkend.

Wir wollen uns also im Folgenden ein paar Beispiele ansehen, an denen sich recht klar zeigen lässt, wie tief neoliberale Denkmuster selbst in die entlegensten Gebiete menschlichen Verhaltens eingedrungen sind, und von dort wiederum neue Wirkung in Form zusätzlicher Konditionierungen entfalten.

b) Wir üben Neoliberalismus

Der neoliberale Blick auf die Welt ist kein gesellschaftlicher, sondern ein ökonomischer. Trotzdem entsteht dabei ein bestimmtes Bild von Gesellschaft und eine gewisse Vorstellung von ihr.

In einer vom sozialdarwinistischen Kampf zwischen Schwachen und Starken, Schnellen und Langsamen beherrschten Gesellschaft, muss es ganz zwangsläufig ein Oben und ein Unten geben. Menschen, die es geschafft haben, und Menschen, die auf der Strecke geblieben sind. Die, welche es geschafft haben, können ihre Preisvorstellungen bezüglich der eigenen »Leistung« am Markt durchsetzen, die anderen nicht oder nur in geringerem Ausmaß.

Was uns zeigt, wie wenig der Begriff »Leistung« dazu taugt, etwas über Verteilungsgerechtigkeit auszusagen. Denn zuerst kommt die Macht zu definieren, worin »Leistung« besteht, nämlich im Führen eines Konzerns oder in der Sterbebegleitung im Hospiz. Wenn beides eine »Leistung« darstellt, muss man über die Macht verfügen zu entscheiden, worin diese beiden Leistungen sich unterscheiden und damit auch unterschiedliche Bezahlungen rechtfertigen. Es führt kein Weg daran vorbei, zuzugeben, dass »Leistung« eine willkürliche Kategorie ist, deren inhaltliche Definition eng an die Macht geknüpft ist, diese Definition vorzunehmen. In der sozialpolitischen Diskussion ist der Begriff »Leistung« daher unbrauchbar.

Diese Fähigkeit, sich selbst als Leistungsträger zu definieren, bestimmt die Stellung in der Gesellschaft. Langfristig läuft dies auf eine self fullfilling prophecy hinaus. Indem man Leistungsträger ist, kann man diesen Status definieren und verteidigen, ihn auch an seine Nachkommenschaft weitergeben. Oben und unten werden »einbetoniert«, Aufstiegschancen ebenso vermindert wie Abstiegsgefahren.

Damit sind wir mitten drin im Gesellschaftsbild des Neoliberalismus. Ein Bild, das es nicht geben dürfte, da es – unter neoliberalem Aspekt – so etwas wie Gesellschaft nicht gibt. Besonders perfekt wird dieses Gesellschaftsbild von den modernen Telenovelas transportiert, dem zeitgemäßen TV-Format des Dienstmädchenromans.

Die Grundkonstellation ist stets gleich: Die Handlung spielt in einer schwerreichen Industriellenfamilie oder Bankiersdynastie, zumeist nicht neureiche Aufsteiger, sondern in der zweiten oder dritten Generation erfolgreiche Menschen, die nun, patriarchalisch-aufgeklärt, sozial konservativ aber verantwortungsbewusst, ihren Geschäften nachgehen.

Der Firmen- und Familiensitz ist ein mittelgroßes Anwesen, bevorzugt Schloss mit großem Garten und eigenem See. Dort lungert die Familie herum und geht dabei angeblich ihren Geschäften nach, während pausenlos Schicksalsschläge auf diese Familie einprasseln.

Auf diesen Herrschaftssitzen finden wir einen kleinen sozialen Kosmos, entsprechend dem, was Neoliberale sich unter Gesellschaft vorstellen. Das autoritäre Firmenoberhaupt, um das herum sich seine mehr oder weniger liebende Familie gruppiert. Hier herrschen Intrige und Kampf um die Gunst des Familienchefs (was nichts anderes ist, als der sozialdarwinistische Kampf ums Überleben draußen in der Wirklichkeit jenseits einer Telenovela). Die brutale Macht des Stärkeren regiert, da der Familienchef meist nicht kapiert, was sich links und rechts abspielt. Hin und wieder greift er ein und spricht ein Machtwort, befördert oder degradiert (legt also den »Leistungsstatus« fest). Uns wird ein herzerwärmendes Menschenbild nahegebracht: Wer nicht intrigiert, geht unter.

Ehen werden bei aller Aufgeklärtheit möglichst innerhalb der eigenen Klasse geschlossen. Als besonders vorteilhaft erweisen sie sich, wenn dabei eine kleine Firmenfusion mit angedacht werden kann. Der Nachwuchs will sich natürlich nicht gleich in dieses Schema pressen lassen, und das zu Recht, da die bürgerliche Gesellschaft den Aufstieg aller in alle Richtungen zulässt, ja sogar für zweckdienlich erachtet, da allein der Leistungsgedanke zählt.

Zweckdienlich ist in diesem Zusammenhang die reichlich vorhandene Dienstbotenschaft, die sich wie die Tierchen um die Krippe malerisch rund um die Reichen im Schloss drapieren. Auch hier herrschen klare Fronten, eindeutige Klassenzuordnungen. Im Keller wird gekocht und geliebt.

Ein gestrenger Major Domus führt das ebenso strenge wie gerechte Regiment. Die aus den oberen Stockwerken sind korrekt aber auf Distanz bedacht. Über die Dienstbotengehälter wird nicht gesprochen, man kann aber davon ausgehen, dass sie nicht allzu üppig sind.

Trotzdem lernen wir hier, dass zwar jeder an seinem Platz zu sein hat, dass sozialer Aufstieg aber möglich ist, wenn man jung, blond und weiblich ist. Allerdings sollte man es nicht mit Arbeit versuchen, sondern lieber beim künftigen Firmenchef. Das hart arbeitende Gesinde wird immer im Keller bleiben, aber eine von ihnen wird es schaffen, ein Herz im zweiten Obergeschoß zu erringen. Im Keller bangt man, sie könnte es nicht schaffen. In den Obergeschoßen fürchtet man, es könnte gelingen.

In einem gesellschaftlichen Klima des Jeder-gegen-Jeden, in dem die Illusion vom individuellen Aufstieg zerplatzt wie eine Seifenblase, entsteht eine riesige Industrie, die davon lebt, genau diese geplatzte Illusion am Leben zu erhalten. Denn niemals ist die Dienstbotenschaft aufmüpfig, begehrt auf gegen schlechte Arbeitsbedingungen, gegen Willkür oder miese Löhne. Es steht zwar nicht alles zum Besten, aber es ist trotzdem die beste aller Welten – so die schlichte Botschaft dieser bis zu 500 Folgen langen Erzählungen. Die einzigen, die aufbegehren dürfen, sind die Töchter und Söhne der Oberbosse. Statt in die Firma des Vaters (und es sind immer die Männer, denen die Firmen gehören) einzusteigen, gründen Söhne lieber ihre eigene Firma im fernen Südafrika. Soviel Aufstand darf sein, während die reichgeborenen Mädels sich dem von der Mutter ausgesuchten Fabrikserben entschlagen und ihr Herz lieber einem kleinen Mechaniker schenken, was diesem keinen anderen Ausweg lässt, als sich mit einer Werkstatt selbstständig zu machen, um so ein wenig Unternehmertum vorweisen zu können, was ihm wiederum die Anerkennung von Reichingers sichert.

Es ist eine Welt mit klaren Spielregeln und eindeutigen Grenzen. Eine Welt mit beschränkter Pseudofreiheit, die uns glauben machen soll, dass die Welt eben so ist, wie sie ist. Widerspruch sinnlos, Widerstand aussichtslos. Wer nicht reich auf die Welt kommt – und wer außer Reichingers tut das schon? – reihe sich unten ein in die Arbeitsfront (so es gerade genug Jobs gibt). Der einzige Ausweg, eben weiblich, jung, blond, knackig, ist den meisten von uns ebenfalls verwehrt. Und die wenigen, auf die es zutrifft, die schaffen es nicht rechtzeitig in eine entsprechende Telenovela.

Aber es gibt nicht nur den modernen Dienstmädchenroman. Im Bestreben, alle Bereiche des Lebens mit neoliberalem Gedankengut und ebensolchen Verhaltensweisen zu durchdringen, haben die Fernsehanstalten eine ganze Reihe von modernen Reality-Shows entwickelt, die inzwischen offenbar auch eine eigene Art von Menschen, eine Subspezies von homo sapiens, hervorgebracht haben.

Die Shows von »Starmania« über »Deutschland sucht den Superstar« bis »Taxi Orange« oder »Dancing Stars« tragen ebenso ihr Scherflein zum allgemeinen Rückfall aus der Zivilisation in den Neoliberalismus bei, zur Reduzierung des Lebens auf den Kommerz, zum Rückzug von der echten Empfindung in das kalt abgekupferte, öffentlich vorgespielte Gefühl.

Denn es ist nicht damit getan, den Leuten beständig vorzuführen, dass das Leben aus vielen Verlierern und wenigen Gewinnern besteht. Auf einem der essenziellsten Rock-Alben aller Zeiten »Beggar's Banquet« haben die Rolling Stones schon Ende der 1960er Jahre gezeigt, wie Herrschaft funktioniert. Es genügt nicht, zu herrschen. Der Herrschaft wird noch der Hohn hinzugefügt, indem die oben auf die unten trinken: »Let's drink to the hard working people, let's drink to the lowly of birth, raise your glass to the hardworking people, let's drink to The Salt Of The Earth…« (Rolling Stones, The Salt Of The Earth)

Denn ist es nicht Verhöhnung der Verlierer, wenn sie am Ende der Show, also am Ende aller möglichen Illusionen, auch noch jene trösten müssen, von denen sie »hinaus gevoted« worden sind? Der Neoliberalismus hat eine ganz spezifische, besonders ekelhafte Form der Heuchelei hervorgebracht. Während die Sieger sich einst diskret in ihre chambres séparées zurückzogen und dort den vermeintlichen Wonnen des Lebens hingaben, sehen wir heute allerorten weinende Sieger auf den Bildschirmen, die uns versichern, dass für sie soeben eine Welt zusammengebrochen ist, weil sie den A oder die B aus der Show rausschmeißen mussten, was ihnen nun fürchterlich zu Herzen geht, weshalb sie Trost von den Unterlegenen brauchen. Diese Leute sind tatsächlich zu Trauertränen des Sieges fähig. Let's drink to the lowly of birth!

Das Äquivalent zum weinenden Sieger ist der lächelnde Verlierer, der dem Sieger auf die Schultern klopft und von jeder Schuld freispricht. So hätten sie es gern: dass man sich bei jenen, die einem den Job gestrichen haben, auch noch bedankt für die gute Arbeit, die sie im Dienste anonymer Aktionäre und einer angeblich effizienteren Wirtschaft geleistet haben. Im neoliberalen Zeitalter ist der Verlierer auch noch unbarmherzig zur Selbstverhöhnung verurteilt.

Niemand kann hier etwas für das, was er tut. Niemand trägt Verantwortung. Die einzige Verantwortung, die man hat, ist jene, die Spielregeln einzuhalten. Die Spielregeln existieren über unsere Köpfe hinweg, außerhalb unserer Reichweite, außerhalb unserer Existenz. Sie sind vorgegeben und unveränderbar. Die Spielregeln existieren mit naturnotwendiger Strenge jenseits unserer Zugriffsmöglichkeiten. Das ist die Lehre all der Reality-Shows und Doku-Soaps: Du kommst auf die Welt, und das Drehbuch haben schon andere für dich geschrieben. Widerstand ist zwecklos, Aufbegehren hat keinen Sinn.

Wenig hoffnungsvoll ist auch der Umstand, dass nun wieder vermehrt »Benimm«-Kurse besucht werden. Wer über ausreichend Herzensbildung und ein Mindestmaß an Sympathie (= Mitleid) für seinen Mitmenschen verfügt, benötigt dergleichen nicht. Man lernt dort nicht, wie man mit Menschen möglichst schonend umgeht, sondern wie man sich so benimmt, dass man nicht auffällt, selbst wenn man ein ultra-egoistisches Arschloch ist.

Also nicht das Wissen, dass es sich gehört, gebrechlichen Menschen einen Sitz in der Straßenbahn frei zumachen, ist das Ziel, sondern die Fähigkeit, einem Hummer zu Leibe zu rücken, ohne die Umsitzenden zu bekleckern. Ziel des guten Benehmens heute ist es nicht aufzufallen, sich möglichst nicht vom Mainstream abzuheben, da dies als Unangepasstheit auslegt werden und dem eigenen Vorankommen schaden könnte. Weit entfernt also haben wir uns von den Ideen des Adolph Freiherr Knigge, dem es nicht bloß um gutes Benehmen, sondern um Charakterbildung ging. Nichts, was der neoliberale Zeitgeist weniger brauchen kann als Charakter. Gefragt sind austauschbare, hochspezialisierte Rädchen im Räderwerk. Nichts soll das Werkl stören. Das Werkl selbst ist Störung genug, möchte man als kritischer Zeitgenosse hinzufügen.

Während rundum in der Gesellschaft die Wahlmöglichkeiten verringert werden, können wir im Fernsehen immer mehr wählen. Die freie Wahl unserer Lebensentwürfe aber wird in diesem immer autoritärer werdenden Kapitalismus entscheidend verschlechtert, die Auswahlmöglichkeiten verringert. Auch die formale Demokratie wird allerorten eingeschränkt (bis hin zu verlängerten Legislaturperioden).

Nur im TV entkommt man an keinem Abend der Wahl. Die Gewichte verschieben sich. In unserem virtuellen Leben als Konsumenten haben wir unbegrenzte Wahlmöglichkeit, solange das Geld reicht. Aber selbst wenn dieses Geld knapp wird, können wir uns zu Hause noch immer der Illusion hingeben, bei wichtigen Entscheidungen dabei zu sein: Immerhin entscheiden wir, wer der nächste Superstar wird.

An der Playstation oder der X-Box sind wir sogar Herren über Leben und Tod. Gleichzeitig versuchen die Politiker, sich immer mehr der Beurteilung durch die Wähler zu entziehen. Neuerdings wird es ja geradezu Mode, als abgewählter Politiker möglichst lang im Amt zu bleiben. Dass in Österreich der neu gebildeten Großen Koalition zu Demokratiefragen nichts Besseres eingefallen ist, als sich selbst die Lebenszeit zu verlängern, sich eine Art Bürgerabstinenz zu verschreiben und uns das Wahlrecht seltener ausüben zu lassen (immerhin drei Wahlgänge weniger in einem durchschnittlichen Lebenslauf), spricht für sich.

Demnächst wird wer kommen, der uns in gestelzten Worten erklären wird, dass Freiheit die Einsicht in die Notwendigkeit sei. Doch das hat schon Hegel vor mehr als 200 Jahren behauptet und ändert nichts daran, dass der Sprung von der Notwendigkeit ins Reich der Freiheit dringender ist denn je.

Das Neoliberale in uns oder Die neue Dienstbotengesellschaft

Diese systematische Hirnwäsche hat Folgen. Neoliberale Gedankengänge sind allgegenwärtig. Mehr als 30 Jahre, nachdem die Chicago Boys ihren unwissentschaftlichen Marsch durch die Wirtschaftswissenschaften begonnen haben, steckt in jedem von uns ein Neoliberaler.

Eine der Verheißungen des Neoliberalismus ist es, persönliche Vorteile für alle zu liefern und dem gesunden Egoismus zu seinem Recht zu verhelfen. Wer von uns hat noch nicht die längeren Ladenöffnungszeiten genutzt? Warum auf die Bequemlichkeit verzichten? Erst wenn eigene Partner von verrückten Arbeitszeiten betroffen sind, spürt man auch selbst »Betroffenheit«.

Wie viele Kritiker des Neoliberalismus und der Ostöffnung fahren am Wochenende nach Ungarn, um sich dort billig die Zähne reparieren zu lassen? Legendär jener Politiker aus Österreich, besonders globalisierungskritisch und entschiedener Gegner des Lohndumpings, der seinen beiden Wiener Pantscherln (= wienerisch für außereheliche Beziehung) den Laufpass gegeben hat, und sich zwei neue Damen in der angrenzenden Slowakei gesucht hat, wo sowohl Mieten als auch Lebenshaltungskosten deutlich niedriger sind. Es gibt sie wirklich, die Gewinner der Osterweiterung.

Kurz vor dem letzten österreichischen Wahlkampf wurde im Sommer 2006 aufgedeckt, dass prominente Politiker sich ebenfalls der Segnungen der Ostöffnung in Form der

Beschäftigung von billigem Pflegepersonal bedient haben. Illegal, da dieser Arbeitsmarkt nicht liberalisiert ist. Dass die Herrschaften sich nun im neuen Koalitionsvertrag selbst exkulpieren, zählt zu den selbstverständlichen Frechheiten der Macht. Man stellte sich als arme Opfer hin, die nur versucht hätten, ihre Angehörigen mit Pflegekräften zu versorgen. Bezogen auf die österreichischen Vorschriften wurde nicht einmal ein Drittel der vorgeschriebenen Bezüge bezahlt. Im Schnitt bekam so eine Kraft rund 3.000 Euro im Monat. Gemessen am österreichischen Arbeitsrecht ein krasser Fall von Ausbeutung für einen Monat Arbeit rund um die Uhr (720 Stunden, ergibt einen Stundenlohn von 4 Euro). Andererseits kann sich selbst diesen Betrag in Österreich nur eine kleine Schicht leisten, der damalige Bundeskanzler Schüssel etwa, aber nicht die Durchschnittsösterreicher mit Pflegegeld. Dass neben Schüssel auch Politiker involviert waren, die sonst keine Gelegenheit auslassen, die Auswüchse des Neoliberalismus zu attackieren, zeigt nur, wie weit sich die Maßstäbe bereits verschoben haben, und wie wenig wir uns dessen bewusst sind, wie stark dieses System auf jeden einzelnen von uns einwirkt und unser Denken dominiert.

Wir alle kennen jene Globalisierungskritiker, die auf Billigurlaub nach Ungarn fahren, sich in Thailand endlich Feng-Shui-Kuren leisten können und auf die Frage, wie sie das mit ihrer persönlichen Haltung in Übereinstimmung bringen, etwas von ökonomischen Rahmenbedingungen, die nun einmal so sind, antworten. Man könnte solche Haltungen als reinen Egoismus abtun, aber das greift zu kurz. Das neoliberale Denken verwischt die Grenzen, lässt unstatthafte Dinge als statthaft erscheinen, verlangt kein moralisch konsequentes Handeln, sondern nur marktkonformes. Selbst entschiedene Gegner von Lohndumping denken sich heute meist nichts dabei, wenn sie an der neuen Dienstbotengesellschaft partizipieren. Wir kennen schließlich auch genug Tierschützer, die Billigfleisch beim Diskonter kaufen, ohne zu fragen, wie das funktionieren soll: billiges Fleisch und artgerechte Tierhaltung.

Vielen Menschen können gar nicht anders, als Produkte zu kaufen, die früher von ihnen selbst und hierzulande hergestellt worden sind. Nachdem sie ihren Arbeitsplatz verloren haben, dieser nun etwa zu billigen Arbeitskräften im Osten verlagert worden ist, leben sie hier von der Sozialhilfe und sind gezwungen, das billigste Angebot am Markt zu kaufen. (Und es gibt Produkte, bei denen gar keine Wahlmöglichkeit mehr besteht. Es gibt keine DVD-Player, die in Hochlohnländern ihre Hauptwertschöpfung haben.) Womit sie wiederum die noch bestehenden Arbeitsplätze im Land gefährden. So dreht sich die Wohlstandsspirale immer kräftiger abwärts – versprochen hatte man uns Wohlstand für alle, erhalten haben wir ein System, in dem uns gestern die Polen die Jobs »weggenommen« haben, heute die Weißrussen selbiges bei den Polen versuchen, und die Weißrussen ihrerseits sich schon vor den Chinesen ängstigen.

Wie verblendet muss man sein, um sich von einem solchen System eine ernsthafte Wohlstandsmehrung für alle zu erwarten?

Die erste Maßnahme gegen diesen wuchernden Irrsinn ist, die eigenen Handlungen stets einer kritischen Prüfung zu unterziehen: Was bewirkt eine bestimmte Handlung in unserem derzeitigen System? Bringt sie maximalen Nutzen für alle oder nur für mich? Oder ist es sogar so, dass sie zwar meinen Nutzen maximiert, die Gesellschaft insgesamt aber ärmer macht? Das wird nicht immer einfach sein. Ein »Fair Trade«-Siegel für Bananen zu entwickeln ist eine Sache, das selbe für technische Geräte (etwa Computer) zu versuchen, die aus unzähligen Komponenten zusammengebaut sind, erweist sich als unendlich viel schwieriger. Derzeit scheitert ein solches Vorhaben schon bei einfachen Turnschuhen (Kinderarbeit).

Trotzdem ist eine derartige Anstrengung, das eigene Denken zu verändern, ein erster unabdingbarer Schritt, um die neoliberalen Dogmen zu überwinden – in der Gesellschaft, in der Politik und in uns selbst. Das mag idealistisch klingen, aber wenn wir den Kampf um die Köpfe nicht gewinnen, haben wir schon verloren. Und der erste Kopf, der gewonnen werden muss, ist immer der eigene.

Die »neue« Unterschicht

Es wurde bereits erwähnt, dass der ehemalige SPD-Chef Müntefering die Existenz von Ober- oder Unterschichten einfach in Abrede stellt. Wenn sich ein Problem nicht lösen lässt, versucht man, es weg zu administrieren. Das hat in Deutschland mit Hartz IV nicht funktioniert. Also wird das Problem aus der Welt geschafft, indem man es ignoriert. Insbesondere für einen Sozialdemokraten eine fragwürdige Haltung. Dass er dies noch mit den Worten »es ist eine Gesellschaft« kommentierte, lässt tief blicken. Man muss kein besonderes Klassenbewusstsein aufbringen, um erkennen zu können, dass es sich auf den Oberdecks unserer Gesellschaft bequemer leben lässt, als auf den Unterdecks. Es mag zwar immer dasselbe Schinakel sein, auf dem alle hocken, aber die Wohlfühlmöglichkeiten sind ziemlich ungleich verteilt. Wie wir seit der »Titanic« wissen, gibt es auch beim Ersaufen erstaunliche Klassenunterschiede. Dass die Festveranstaltungen auf den Oberdecks in den letzten Jahren immer aufwändiger werden, während das Licht auf den Unterdecks eingespart wird, ist offensichtlich.

Es ist nicht einfach, mit dem Begriff »Unterschicht« zu hantieren. Die Dinge werden aber nicht besser, indem man sie verschweigt. Dieser Begriff hat schließlich viele Aspekte.

Da sind die ganz »klassischen« Bedeutungsinhalte: Verwahrlosung, Obdachlosigkeit, aber auch sekundärer Analphabetismus – die echte Unterschicht. Dann aber kommt schon eine breite »Mittelklasse« in der Unterschicht, deren Armut unauffälliger ist, nur erkennbar, wenn man genau hinsieht. Eine Armut jedoch, die um nichts bedrückender ist. Es sind dies Menschen, für die es ein Problem ist, wenn Schuhe kaputt werden oder der Wintermantel ein Loch bekommt. Es sind jene Menschen, die keinen PC zu Hause stehen haben, und wenn, sich dann das Geld für einen Internetanschluss vom Mund absparen müssen. Hereinspaziert in den Wohlfahrtsstaat! Auch das ist eine seiner Wirklichkeiten.

Das relativ Neue an diesen »neuen« Unterschichten ist ihre Unauffälligkeit. Die Massenarmut der 1920er Jahre war auf den Straßen erkennbar. Die heutige Armut kann man oft nur erahnen. Leider ist es dadurch leichter geworden, die Existenz neuer, armutsgefährdeter Unterschichten zu leugnen.

Die Menschen ziehen nicht massenhaft hinaus in die Wälder, um Holz zu klau(b)en, mit dem sie heizen können. Diese Zeiten sind zum Glück vorbei. Das heißt aber nicht, dass die heutige Armut glücklicher macht als die vor 50 oder 100 Jahren. Wenn man vom echten Lumpenproletariat absieht, das bereits derart verelendet war, dass es zu politischen Handlungen weder fähig noch willens schien, so hatten sich im Lauf der Jahrzehnte doch bedeutende Teile dieser Unterschichten in sozialdemokratischen Parteien und in der Gewerkschaft organisiert. Dort wiederum trafen sie auf schon besser gestellte Schichten, es bildete sich eine verquere Form von Selbstbewusstsein: das Klassenbewusstsein, das sie alle gemeinsam über die Oberschicht hinaushob, erhöhte, ihnen die Gewissheit gab, wenn nicht heute, so doch morgen in einer gerechteren Gesellschaft zu leben, es in den eigenen Händen zu haben, sich als Klasse zu erheben und die Dinge zum

Besseren zu wenden. Soviel Illusion da auch mitschwang, und so nah das auch an religiösen Erweckungslehren war, es hatte doch eine ganz praktische Seite. Klassenkampf, das hieß ja nicht nur Barrikadenbauen, sondern mehr: eigene Zeitungen gründen, Konsumgenossenschaften aufbauen, für menschliche Arbeitszeiten und angemessene Bezahlung kämpfen. Und irgendwann vielleicht doch so etwas wie »Sozialismus« zu erreichen. Was genau das denn war, wusste natürlich niemand. Aber er war das Ziel. Kluge Genossen erkannten: Der Weg ist das Ziel. Sozialismus schien erreichbar und versprach das Ende der Qualen, der Ausbeutung. Versprach ein lebenswertes und selbstbestimmtes Leben. Es bedurfte zwar einer gewaltigen, eigenen Kraftanstrengung, aber es war nicht nur eine eigene, sondern auch eine gemeinsame Verausgabung an Lebensenergie. Gemeinsam sind wir stark, während der Neoliberalismus alle Verantwortung auf die Schultern des einzelnen Individuums legt, das nur sich selbst den Aufstieg schuldet, nicht seiner Klasse, nicht einmal seiner Familie. So muss dieses Individuum erst recht scheitern. Schau auf dich, schau selbst, wo du bleibst. Scher dich nicht um den nächsten. Dein Aufstieg nützt allen. Du hast keine Verantwortung für den Aufstieg des nächsten, mehr noch: Wie kommst du dazu, für das Scheitern deines Nachbarn einzustehen? Nichts anderes nämlich ist der Zweck von Sozialsystemen: mit dem eigenen Gelingen das Scheitern des Nachbarn auszugleichen.

Im Gegensatz zu früher hat die soziale »Unterschicht« nun neben dem Arbeitsplatz auch das »Klassenbewusstsein« verloren, erlebt sein »Versagen« als individuell bedingt. Aufstiegs- oder Wiederaufstiegsglaube erübrigen sich. Konnte man früher wenigstens an Sozialismus und Solidarität glauben, so bleibt dem Einzelnen nur der Verweis auf das eigene Versagen. Die Idee, gemeinsam stark zu werden, gemeinsam einen Mindestwohlstand für alle zu erkämpfen, eine Idee also, die sowohl die Bauernschaft als auch die Industriearbeiter sowohl von Leibeigenschaft als auch aus drückender Armut befreit hat, gilt heute als überholt. Die bäuerlichen Genossenschaften sind auf perverse Art Teil des neoliberalen Systems, da einerseits eine riesige Subventionsmaschinerie die Agrarindustrie prosperieren lässt, ohne dass Klein- und Mittelbauern davon allzuviel bemerken, andererseits aber die EU-Politik dahin geht, für Afrikas Landwirtschaft die Prinzipien des Washington-Consensus durchzusetzen (ursprünglich für Südamerika entwickelt und nichts anderes, als das altbekannte neoliberale Mantra aus Freihandel, Haushaltsdisziplin und Deregulierung). Einfluss auf die Landwirtschaftspolitik der EU haben die nichtindustriellen Produzenten schon lange keinen mehr.

Auch die Lohnabhängigen müssen feststellen, dass die Gewerkschaftsbewegung als gemeinsame Interessensvertretung versagt, sobald der nationale Rahmen verlassen wird. Die Organisation all der prekären Beschäftigungsverhältnisse, neuen Selbständigen, der »Generation Praktikant« ist nicht einmal noch in den Startlöchern. Eine neue Generation wächst in unsere Gesellschaft hinein und lernt gleich die allererste Lektion: Du bist auf dich allein gestellt. Wo der allzu fürsorgliche Wohlfahrtsstaat mitunter in der Tat zuviel des Guten getan hat, und dem Einzelnen keinerlei Verantwortung mehr aufbürden wollte, geht das neoliberale Denken in die genau gegenteilige Richtung. Hier hat die Gesellschaft als Summe der Individuen keine Verantwortung mehr gegenüber dem Einzelnen. Es ist übrigens unter diesem Aspekt nicht überraschend, dass gerade Neoliberale für eine (durchaus bescheidene) Grundsicherung eintreten. Man gebe jedem so viel Geld, dass er nicht verhungert, der Rest ist Sache des Individuums. Die Gesellschaft muss sich um den Einzelnen nicht mehr kümmern, muss ihm keine Lebensperspektiven mehr bieten, da sie ihm ohnedies das nackte Überleben sichert.

Der Neoliberalismus beraubt uns jeder Identität und der Möglichkeit, uns nicht nur als vereinzelte Kämpfer in einem naturnotwendigen Schlachtenszenario zu sehen, in dem es keine Fronten mehr gibt, da jeder der Gegner ist.

Übersehen wird dabei, dass der erste Sieg der Zivilisation nicht der Moment war, da ein siegreicher Primat laut brüllend mit den erbeuteten Bananen von dannen zog, sondern jener Moment, da ein Primat einem anderen seine helfende Hand reichte, um diesem aus dem Sumpf zu helfen, in den er hineingefallen war und zu ertrinken drohte. Es war der erste Sieg der Zivilisation, als der erste Primat erkannte, in seinem Gegenüber keinen Gegner vor sich zu haben, sondern ein Mitgeschöpf, ein Ebenbild seiner selbst, dem so wie auch ihm nur einmal die Chance des Lebens geboten wird. Vielleicht lag Adam Smith doch ziemlich falsch, als er meinte, er verlasse sich lieber auf das Gewinnstreben von Menschen als auf deren Menschenfreundlichkeit. Denn nichts spricht dafür, dass mir etwa ein Apotheker das beste Medikament verkauft. Er wird gewinnstrebend versuchen, mir jenes anzudrehen, an dem er am meisten verdient. Also muss ein guter Apotheker letztlich doch ein Menschenfreund sein, damit ich das beste Medikament bekomme. Nennen wir es das Smith'sche Paradox, das leider bis heute von allen Befürwortern neoliberalen Denkens gerne übersehen wird.

Wenn neue Unterschichten entstehen, wenn der Mittelstand zunehmend ausgehungert wird, wenn allein unsere europäischen Gesellschaften für 30 oder 40 Millionen Menschen keine sinnvolle und anständig bezahlte Arbeit zur Verfügung stellen können, dann muss man schon ziemlich verblendet sein, um zu glauben, dass die »Modernisierungsverlierer« bloß Individuen seien. Es ist die ganze Gesellschaft, die verliert. Nur haben das die meisten noch nicht begriffen.

Demografie-Lüge versus Demografie-Lücke

Eine der wichtigsten Methoden neoliberaler Propaganda ist es, einen objektiven Tatbestand vorzutäuschen, indem man eine Behauptung mit scheinbar logischem Zahlenmaterial unterfüttert und so aus einer Behauptung eine Tatsache konstruiert. Daraus wiederum wird ein angeblich wissenschaftlich unterlegtes Naturgesetz konstruiert, das mit unbarmherziger Kraft zuschlägt, wenn man nicht versucht, es mit neoliberalen Heilmitteln unwirksam zu machen.

Die Theorie von der demografischen Lücke, dass in Hinkunft die staatlichen Pensionen nicht mehr bezahlt werden können, ist ein besonders krasses Beispiel, da leicht widerlegbar. Umso erstaunlicher, dass sich die demografische Lüge derart nachhaltig in den Köpfen der Menschen einnisten hat können. Vielleicht liegt es an der ungemein simplen Argumentation der Vertreter dieser »Theorie«, die jedem sofort einleuchtet, wenn er mit den wenigen Grundaussagen konfrontiert wird.

Also kurz rekapituliert: in den westlichen Industrienationen werden die Menschen immer älter, und der Anteil der alten Menschen an der Gesamtbevölkerung wird immer höher. Schon in einigen Jahrzehnten werden 2 bis 2,5 im Berufsleben stehende Menschen einen Pensionisten erhalten müssen. Das könne vom staatlichen Pensionssystem ohne drastische Beitragsteigerungen nicht geleistet werden. Darum müsse man weitere zwei »Säulen« aufbauen: eine betriebliche Altersversorgung und eine private, und diese drei Säulen würden dann die Altersversorgung sichern.

Schon die Unterscheidung in die Säulen zwei und drei ist ein Schwindel: In Wahrheit sind beide private Altersvorsorgen nach einem Ansparsystem, werden also nach dem selben System und auf dem selben Markt finanziert.

Weiters wird so getan, als ob die Aufteilung auf drei Säulen das System billiger, also leistbarer mache. Das ist natürlich Unsinn. Dem zukünftigen Pensionisten kann es egal sein, ob er seine gesamte Alterssicherung in die staatliche Pension einbezahlt oder aufgeteilt in drei Systeme. Unter dem Aspekt des verfügbaren Einkommens ergibt sich für den Versicherten kein Unterschied, in welches der Systeme er die zusätzlich notwendigen Mittel einzahlt.

Zweitens wird so getan, als ob sich solche Entwicklungen tatsächlich über Jahrzehnte hinaus im Vorhinein berechnen ließen. Es bleibt völlig ausgeklammert, wie sich die Zuwanderung entwickelt, oder welches Bruttosozialprodukt dereinst zur Verfügung stehen wird. Womit wir bei Lüge Nummer drei sind: Im Gegensatz zu den neoliberalen Dogmen ist es völlig unerheblich, ob ein Pensionssystem über den Generationsvertrag (also ohne Ansparen) oder über eine Privatversicherung (also mit Ansparen von »Guthaben«) finanziert wird. In beiden Fällen müssen jene Güter, die in einem bestimmten Jahr für den Verbrauch benötigt werden, von den Aktiven produziert und dem Pensionisten zur Verfügung gestellt werden. Ob dies dadurch geschieht, dass man ihm als Gegenleistung einen angesparten Betrag »wegnimmt« oder dadurch, dass man eine von ihm während seines

Arbeitslebens erbrachte Leistung als Berechtigung zum Bezug von Gütern anerkennt (nichts anderes geschieht beim Generationenvertrag), ist egal. Wie immer im Kapitalismus stehen wir vor dem Phänomen, dass der Fetischcharakter der Beziehungen, das Geld, uns den klaren Blick auf die eigentlichen Verhältnisse verstellt. Der Fetisch »Kapital« kann auf sich allein gestellt gar nichts, er ist das pure Nichts.

Geld für sich ist ein totes Gut. All die Jahre hindurch, während derer ein »angespartes« Kapital als reines Buchgeld existiert, lebt es nur als Fetisch in unserer Phantasie. Es verkörpert den Fetisch der Werthaltigkeit, es steht für die Hoffnung, Waren und Dienstleistungen in einer imaginierten Zukunft kaufen zu können. Erst durch die Arbeit der berufstätigen Generation gewinnt das angesparte aber tote Kapital seinerseits Leben, kann in Güter getauscht werden, die es den Rentnern ermöglichen, ihren Lebensunterhalt zu decken. Einfach gesagt: Es ist völlig unerheblich für die Versorgung zukünftiger Generationen von Rentnern, wieviel Geld sie heute angespart haben. Wenn die zukünftigen Arbeitsgenerationen nicht genug Güter produzieren, um die Rentner zu erhalten, wird irgendwer verhungern. Für den Lebensstandard zukünftiger Generationen von Rentnern wird ausschließlich die Produktivität der dann Arbeitenden entscheidend sein und nicht, was Vorgängergenerationen angespart haben. Nichts deutet darauf hin, dass es einer Gesellschaft, deren Sozialprodukt sich etwa alle 20 Jahre verdoppelt, nicht möglich sein sollte, ihre Pensionisten ausreichend mit Gütern zu versorgen, selbst wenn die Zahl dieser Pensionisten drastisch ansteigen sollte.

Die Frage wird nicht sein, ob wir alle Rentner ausreichend mit Gütern versorgen können, sondern ob wir das wollen. Es ist eine Frage der Verteilung des produzierten Reichtums.

Trotzdem muss man ganz offen sagen: Politiker, die heute versprechen, dass Pensionen auf Jahrzehnte hinaus gesichert sind, lügen. Ganz egal, nach welchem System sie uns diese Sicherheit versprechen. Kein Mensch weiß, was in dreißig oder mehr Jahren sein wird. Die Idee, man könne die Altersversorgung sechzig oder mehr Jahre im vorhinein planen, ist geradezu absurd. Wenn wir heute 60 Jahre zurückblicken, sehen wir auf das Jahr 1947. Wir stehen mitten in den Trümmern des Nazi-Alptraums. Welche Altersversorgung hätten wir damals einem jungen Menschen empfohlen? Oder hätte man eine solche Empfehlung gar als frivol empfunden? Zehn Jahre vor dem echten Beginn des Wirtschaftswunders? 23 Jahre vor dem Ölschock? Mehr als 30 Jahre vor der neuen elektronischen Revolution? Alles Makulatur. Es kann keine Pensionsreform geben, deren Horizont über die nächsten zehn Jahre hinausreicht.

Es gibt Hochrechnungen, dass im Jahr 2100 nur mehr 30 Millionen Deutsche leben werden. Welch Unsinn! Als ob ein derart krasser Bevölkerungsrückgang nicht Dynamiken auslösen könnte, die wir heute nicht im Ansatz ahnen können. Wir wissen nicht, welche volkswirtschaftlichen Schübe sich aus der Behebung der Schadensfolgen einer möglichen Klimaänderung ergeben. Die Zukunft ist – wie auch schon in der Vergangenheit – ziemlich ungewiss. Warum aber all der Aufwand der Neoliberalen, ganz Europa in ein neues, fondsgesteuertes Pensionssystem zu zwingen?

Ganz einfach: In den USA sind rund 25 Prozent der Bevölkerung über ein solches Privatsystem versichert. Doch schon in den 1980er Jahren war klar, dass auch für diesen vermögenderen Teil der US-Bevölkerung ein großes Problem drohte: der Pensionsantritt der Baby-Boomer. Mitte der 1980er Jahre explodierten die Zahlungen an Pensionsfonds. Die letzten Baby-Boomer begannen an ihrer Alterssicherung zu arbeiten. Die enormen Beträge, die da eingenommen wurden, fanden kaum mehr ausreichend Rendite. Man benötigte dringend neue Märkte, auf denen man veranlagen konnte. Die unterentwickelten europäischen Aktienmärkte boten sich geradezu an, eine Art Kettenbriefsystem der Alterssicherung einzuführen. Denn solange Mittel in den Markt flossen, konnten damit die ersten Abflüsse finanziert werden, ohne die Kurse zu beeinflussen. Allerdings musste man die europäischen Banken ins Rentenfonds-Geschäft holen. Dies konnte nur funktionieren, wenn auch die europäische Alterssicherung wenigstens teilweise in das Fondssystem integriert wurde, denn das Geld musste von wo herkommen. So würde den Rentenfonds frisches Geld zugeführt werden, und die US-Fonds konnten ihre Gewinne realisieren, ohne dass dadurch gleich die Kurse sinken würden. Man begann, das ganz große Rad zu drehen.

Der erste Erfolg war durchschlagend. Die große Börsenhausse der 1990er Jahre war vorwiegend der Tatsache zuzuschreiben, dass riesige Märkte neu erschlossen werden konnten, und unvorstellbare Mengen an Geld für die Alterssicherung an die internationalen Börsen flossen. (Generell handelte es sich in den letzten 15 Jahren bei den Aktienhaussen um so genannte liquiditätsgetriebene Kurssteigerungen, die durch große Geldzuflüsse entstehen und nicht durch reale Wertsteigerungen der hinter den Aktien stehenden Firmenwerte.)

Man hatte gleich zwei Fliegen mit einem Schlag erlegt: Erstens hatte man die bisher von den internationalen Finanzmärkten abgeschottete europäische Industrie, die sich vorwiegend über Kredite und nicht über Aktienkapital finanzierte, geöffnet, und zweitens war es gelungen, die Inflation von den Realmärkten an die Börsen zu transferieren. Wären die riesigen Kapitalmengen als Nachfrage auf den Güter- und Dienstleistungsmärkten aufgetreten, wäre es zu ziemlich heftigen Inflationsentwicklungen in der Realwirtschaft gekommen. Durch die immensen Mittelzuflüsse auf den Aktienmärkten wurde die Inflation dorthin verlagert. Denn eine Aktienhausse ist marktwirtschaftlich betrachtet nichts anderes als eine inflationäre Preisentwicklung bei Aktien. Die europäischen Regierungen hatten leider nichts Besseres zu tun, als dieser Entwicklung nachzujagen. So ist die »erfreuliche« Entwicklung der Wiener Börse darauf zurückzuführen, dass die österreichische Regierung einen Teil der Alterssicherung und die ehemaligen Abfertigungszahlungen in Fonds überführt hat, die noch dazu verpflichtet wurden, vornehmlich in österreichischen Aktien anzulegen.

Das große Problem dieser Art von Alterssicherung ist jedoch, dass sie wesentlich sensibler auf demografische Entwicklungen reagiert als der Generationenvertrag. Während nämlich der Generationenvertrag allein davon abhängt, wie produktiv die Nachfolgegeneration arbeitet, sieht dies bei den angeblich angesparten Pensionssicherungen ganz anders aus. Auch beim Ansparsystem müssen die benötigten Güter im Jahr des Bedarfs produziert werden. Zwischen der Möglichkeit, Güter zu erwerben und dem angesparten Kapital steht die Notwendigkeit, das angesparte Kapital flüssig zu machen, sprich: aus einem Fondsanteil in reale Euro zu verwandeln. Nun setzen die Marktgesetze den entgegen gerichteten Effekt zu den 1990er Jahren in Gang. Sehr viele Baby-Boomer, die in die Rente gehen wollen, müssen ihre Fondsguthaben abbauen, um reales Geld zu bekommen. Es entsteht ein Überangebot an Aktien, die Kurse fallen entsprechend, eine deflationäre Entwicklung der Aktienmärkte (die Gegenbewegung zur Inflation der Jahrzehnte davor) setzt ein, und die Aktien werden immer weniger wert. Gleichzeitig strömen riesige Mengen Geldes zurück in die Realwirtschaft, schaffen dort große Nachfrage und reale Inflation. Vereinfacht gesagt, stößt das erlöste Geld auf den Realmärkten auf sich ständig verteuernde Waren, da ja die Nachfrage stark wächst, während das vermeintlich »angesparte« Vermögen durch hohe Verkäufe entwertet wird. Das Versprechen der Rentenfonds, ein sorgenfreies Leben im Alter zu sichern, entpuppt sich als Illusion.

Insofern müssen wir die Behauptung, es sei egal, in welchem System man seine Pension veranlagt, korrigieren. Relativ egal ist es nur in Hinblick auf die entstehenden Beitragssätze. Unter dem Aspekt der Sicherheit und der Unabhängigkeit von den Ausschlägen der Finanzmärkte ist eine rein staatliche Pensionsversicherung für die breite Mehrheit der Bevölkerung vorzuziehen. Schon vor einigen Jahren hat der damalige Chef der Allianz-Versicherung in einem Spiegel-Interview mit entwaffnender Ehrlichkeit gesagt, dass private Versicherungen natürlich pleite gehen können und der Staat nicht. Auf die Frage, was er denn für diesen Fall der möglichen Pleite vorschlage, entgegnete er locker, dass dann natürlich der Staat wieder einspringen müsse, aber bis dahin hätten die Privatversicherer ein gutes Geschäft gemacht.

Der Privatisierungsschwindel

Ein weiteres Wundermittel aus dem Zauberkästchen des Neoliberalismus ist die allumfassende Privatisierung. Längst ist vergessen, dass viele Verstaatlichungen die Folge privaten Versagens waren. Dabei ist längst bewiesen, dass die Verstaatlichung wichtiger Infrastruktureinrichtungen vorteilhafter ist als deren Privatisierung. Viele dieser Erkenntnisse verdanken wir den Feldversuchen, die Margaret Thatcher auf Kosten der britischen Bevölkerung durchgeführt hat. Es erstaunt, dass die angeblich so pragmatisch handelnden Neoliberalen jene Bereiche, die in Großbritannien besonders schief gelaufen sind, noch immer besonders heftig entstaatlichen wollen. Die völlig unkontrolliert vor sich hin arbeitende EU-Kommission ist fleißig damit beschäftigt, unter Umgehung der Bevölkerung dieser immer neue neoliberale Errungenschaften aufs Aug zu drücken.

Als volkswirtschaftlich völlig unsinnig hat sich die Entmonopolisierung und Privatisierung des Postwesens erwiesen. Das Ergebnis ist, dass die Zustellung von Briefen und Paketen heute länger dauert. Billiger ist nichts geworden, außer die umfangreichen Massenmailings der Großkonzerne. Dafür hat man dem volkswirtschaftlichen Unsinn und dem ökologischen Wahnsinn Tür und Tor geöffnet. Zeitungsverlage führen ihre Abo-Kuverts quer durch Europa spazieren, um sie am günstigsten Ort einem Postdienst zu übergeben, der diese Abosendungen wieder zurück ins Ursprungsland liefert.

Wurde man früher nur ein Mal am Tag vom Staatsmonopolisten Post beliefert, so kann es nun durchaus vorkommen, dass an einem Tag drei oder vier verschiedene Postdienste ihre Sendungen abliefern. Dass es ökologischer Wahnsinn ist, wenn ein und dieselbe Strecke mehrmals am Tag angefahren wird, leuchtet sofort ein. Möglich ist dieser Unsinn deshalb, weil die EU sich unter dem Druck der Frächterlobbies weigert, den Fuhrunternehmen die von ihnen verursachten Kosten in voller Höhe aufzubrummen. Dass große Versorgungsprobleme in den ländlichen Gebieten entstanden sind, schert scheinbar niemanden. Die Postdienste wollen nur die lukrativen Geschäftszweige betreiben. Die interne Querfinanzierung der weniger attraktiven – aber gesellschaftlich wichtigen – Tätigkeiten bleibt beim Staat, der sich mit dem Hinweis auf die EU-Vorschriften zur Sanierung der Staatsfinanzen weigert, diese Finanzierung zu übernehmen. Das Ergebnis für die Bürger: Die Leistung ist teurer und gleichzeitig schlechter geworden, manche Leistungen werden gar nicht mehr angeboten. Die infrastrukturell ohnedies benachteiligten ländlichen Regionen werden weiter geschwächt. Eine Politik nicht nur jenseits, sondern gegen die Bürger.

Wer das britische Bahnsystem heute studiert (sich ihm als Fahrgast tatsächlich auszusetzen, vermeide man), weiß, dass dieses System dank Aufspaltung in Netzbetreiber und Fahrdienst bei gleichzeitiger Privatisierung völlig darnieder liegt. Die EU-Kommission hat nun genau dieses Modell zum Muster für den europaweiten Umbau des Bahnsystems gemacht. Der öffentliche Verkehr wird noch mehr geschwächt werden, investiert wird nur mehr in einige, wenige lukrative Hochgeschwindigkeitsstrecken zwischen europäischen Großstädten. Der Verkehr auf den Nebenstrecken wird weiter verringert, Regionen abseits der Hauptverkehrswege in Europa werden verarmen. Regionalstrukturen, die in mehr als 150 Jahren Eisenbahnwesen entstanden sind, werden langfristig zerstört, um das kurzfristige Geschäft der Frächter zu fördern. Alle Berechnungen zeigen, dass nicht die Bahn der größte Empfänger von Subventionen im Verkehrsbereich ist, sondern der private LKW-Verkehr. Ebenso wie bei den Postdiensten fehlt es an jedweder Kostenwahrheit.

Nicht viel besser steht es bei der Privatisierung der Müllentsorgung. Anstatt des kommunalen Monopols haben wir nun regionale Privatmonopole, da die Investitionen in die Müllbeseitigung einen hohen Kapitaleinsatz erfordern, und lokale Konkurrenz daher nicht entsteht. Die privaten Monopole sind so teuer geworden, dass viele Kommunen bereits darüber nachdenken, wie man die Müllabfuhr wieder selbst bewerkstelligen könnte.

Ein Staat muss kein Reisebüro betreiben. Darauf kann man sich leicht einigen. Ob es sinnvoll ist, den Glücksspiel-Betrieb dem privaten Wettbewerb zu überlassen, ist eine Frage, die schwerer zu beantworten ist (eher nein, die Mafia verdient mit dem Rauschgiftmonopol schon genug). Es gibt große Bereiche der Industrie, wo es sinnvoll sein kann, wenn gerade kleinere Staaten Minderheitenbeteiligungen halten, um wichtige Betriebe besser ans Land binden zu können. Wie weit dies längerfristig in einem zusammenwachsenden Europa gültig sein wird, lässt sich heute nicht beantworten. Auch in einem wirtschaftlich eng verwobenen Europa, einem Europa das insgesamt auch wirtschaftlich auf einem halbwegs gleichen Niveau angelangt ist, auch in einem solchen Europa wird sich die Frage stellen, inwieweit staatliche Stellen direkten Einfluss auf Industrie oder Banken haben sollen. Die Frage stellt sich dann nicht mehr im Sinne der Nationalstaatlichkeit, sondern im Sinne eines europäischen Bundesstaates (seien wir für ein paar Sekunden extrem optimistisch). Denn was immer uns die neoliberalen Privatisierungsexperten auch erzählen: Das erfolgreichste Modell der Wohlstandsschaffung war nicht der freie, ungeregelte Markt, sondern eine Mischung aus verstaatlichten Elementen, freiem Markt, mittleren Unternehmen und Dienstleistern bei gleichzeitig ziemlich starker Devisenkontrolle. Auch Lohn- und Preisabkommen sicherten den Aufbau des Wohlstandes etwa in Österreich bis weit in die 1960er Jahre hinein.

Und bei Staaten wie Singapur, Taiwan oder Südkorea stellen wir fest, dass auch diese Staaten zwar über deutliche Marktstrukturen verfügen, aber auch mit starken Eingriffen des Staates gelenkt werden. (Die Finanzkrise in diesen so genannten Tigerstaaten brach aus, als man sich unkontrolliert der internationalen Spekulation aussetzte.)

Zuvor hatte schon Japan gezeigt, dass strenge staatliche Kontrolle und Steuerung der Wirtschaft und marktwirtschaftliche Regeln koexistieren und dabei wohlstandsmehrend wirken können. Erst nach den Immobilien-Exzessen der nach internationaler Größe strebenden japanischen Großbanken kam es zu jenem Wirtschaftszusammenbruch, der Japan eine fast zehn Jahre dauernde Deflation einbrachte.

Auch die Chinesische KP wagt ein mehr als waghalsiges Experiment: schrankenloser Kapitalismus, rücksichtslose Selbstbereicherung, gnadenlose ursprüngliche Akkumulation von Kapital (wie im Europa des 18. und 19. Jahrhunderts) unter Aufsicht und Lenkung der Kommunisten (!). Neoliberale Volkswirtschafter wundern sich, dass das funktioniert, da sie prinzipiell unhistorisch denkt. Aber der gesamte Wiederaufbau Europas nach dem Zweiten Weltkrieg ging nach ähnlichen Gesetzen vor sich. Immer gab es eine Balance zwischen einem starken staatlichem Sektor, Devisenkontrolle, einem flexiblen Kleinunternehmertum und einer privaten Großindustrie, die ihrerseits davon profitierte, dass es einen starken staatlichen Sektor als Zulieferer gab. Dass die Entwicklung in China heute ungleich brutaler verläuft, mehr Armut und Elend und weniger wirklichen Reichtum produziert, liegt an den unterschiedlichen Vorgeschichten. Augenscheinlich ist, und das gilt auch für China, dass jene Staaten in der EU, die einst der Planungsökonomie unterworfen waren und den Systemwechsel nun mit besonders marktradikalen Modellen versuchen, besonders wenig Erfolg haben im Hinblick auf die Verbesserung der Lebensbedingungen der breiten Bevölkerung. Man kann sogar sagen: Je marktradikaler die Reformen, je schwächer die staatlichen Rahmenbedingungen, umso weiter driften in diesen Gesellschaften die sozialen Schichten auseinander. Es entsteht etwas mehr Reichtum in weit weniger Händen, während der Boden der Sozialpyramide besonders groß ist.

Die Neoliberalen wollen uns einreden, dass wir keine Wahl hätten zwischen der radikalen Entfesselung der Marktkräfte und ihrer Bändigung zum Wohle der Menschen. Doch die Wirtschaftsgeschichte und alle Beobachtungen der Gegenwart lehren das Gegenteil: eine staatlich begrenzte und disziplinierte Marktwirtschaft, die stets davon bedroht ist, »Opfer« sozialdemokratischer Reformpolitik zu werden, hat sich bis jetzt als perfektester Wohlstandsmotor erwiesen. Das setzt voraus, dass die Sozialdemokratie die Rolle wahrnimmt, die ihr in diesem Szenario zugedacht ist – Pionier zu sein bei der Bekämpfung neoliberaler Modelle und bei der Bekämpfung des Neoliberalen in ihr selbst. Nach dem Zusammenbruch des Ostblocks, dieser beständigen Mahnung an den kapitalistischen Westen, es nicht zu übertreiben, muss die Sozialdemokratie eine weitere Rolle übernehmen: nicht nur muss sie aufhören, das Krankenbett mit dem Kapitalismus zu teilen, sie muss stattdessen aufstehen und sich erneut das Mäntelchen des Arztes umhängen. Sie ist aufgefordert, die Rolle des ehemaligen Ostblocks in einem ganz neuen, positiven Sinn zu übernehmen: Auf den wachsenden Bedarf nach Gerechtigkeit und sozialer Gleichheit hinzuweisen und gleichzeitig jene Grenze zu markieren, die der Kapitalismus in seinem grenzenlosen Gewinnstreben nicht überschreiten darf.

Auch jene großen konservativen Parteien, die einst Wert auf die Betonung des Sozialen gelegt haben, werden sich neu besinnen müssen. Sowohl Sozialdemokraten als auch Konservative werden aufbauend auf ihren alten Wurzeln jenseits des Neoliberalismus »reideologisieren« und ihre wirtschaftsliberale Verblendung überwinden müssen. Sie werden sich neu erfinden müssen in einer gemeinsamen oder sehr ähnlichen Beantwortung der sozialen Frage, indem sie diese zuerst einmal als eine berechtigte Frage wahrnehmen und dann zu gemeinsamen Antworten finden. Die Überwindung der neoliberalen Verfasstheit der Einigung Europas ist eine Grundvoraussetzung dafür, die sozialen Probleme zu lösen. Das kann nur funktionieren, wenn die beiden großen Volksparteien Europas gemeinsam aus dem neoliberalen Irrweg Europas herausfinden. Wenn sie der europäischen Arbeitslosigkeit nicht Herr werden und die Verwerfungen der globalisierten Wirtschaft nicht unter Kontrolle bekommen, dann droht ein böses Ende. Die Bevölkerung Europas wird nicht tatenlos zusehen, wie unfähige und unwillige Politiker den gemeinsam erarbeiteten Wohlstand verspielen. Die Ablehnung des europäischen Verfassungsvertrags war nur ein kleiner Vorgeschmack. Es besteht die große Gefahr, dass die europäischen Bürger ihren Politikern jenes Europa vor die Füße werfen, das sie so nicht wollten, nach dessen Form und Funktionieren sie nie gefragt worden sind. Nicht neue Verhandlungstricks, um die abgelehnte Verfassung zu retten, sind gefragt, sondern die ehrliche Einbeziehung der Bürger in den europäischen Entwicklungsprozess. Derzeit gibt es leider nur wenige Anzeichen, dass die Politik gewillt ist, aus dem Europa der Konzerne und Bürokraten ein Europa der Menschen zu machen.

Die 35 Prozent-Demokratie für die Zwei-Drittel-Gesellschaft

In den letzten Jahrzehnten haben viele Wahlgänge gezeigt, dass die Bürger weder vom Funktionieren der Demokratie an sich noch vom Funktionieren der Institutionen überzeugt sind. Aber wir wissen nicht, wie sich die beschriebene Ablehnung der europäischen Einigung manifestieren würde (und ob überhaupt). Bleibt es beim anfallsartigen Auftreten von Parteien der extremen Rechten mit nationalistisch-antieuropäischen Programmen, dann ist das schlimm genug. Denkbar ist aber, dass friedliche Volksaufstände die europäische Politik in die Luft sprengen – ähnlich jenen von 1989, die den Ostblock zusammenbrechen ließen. Die Unzufriedenheit der Bürger mit Europa hat ein signifikantes Ausmaß erreicht. Selbst in den Ländern der Osterweiterung ist die Stimmung weitgehend gekippt, da die derzeitige europäische Politik nicht dazu geeignet ist, die Bürger vor der Globalisierung zu schützen oder letztere in sozialverträgliche Bahnen zu lenken. Mit dem Vertrauensverlust in die demokratischen Institutionen besteht die Gefahr, dass die Bürger immer mehr auf Scharlatane wie Silvio Berlusconi hereinfallen, einen autoritären Kapitalismus akzeptieren, der ihnen viele ihrer Rechte nimmt, sie aber gleichzeitig mit Brot und Spielen soweit unterhält, dass das Leben erträglich ist. Denn solche autoritären Tendenzen sind unübersehbar. Berlusconi wurde bereits genannt. Auch in Europa wird es nun Mode, die Ergebnisse von Wahlen anzuzweifeln oder nicht wahrzunehmen.

Auch hier war Berlusconi ein Vorreiter. In Ungarn war es nach den letzten Wahlen nicht viel anders, wo die Fidesz sich am Rande dessen bewegt, was demokratiepolitisch zumutbar ist. Auch Wolfgang Schüssel regierte in Österreich einige Monate nach seiner Abwahl weiter, ohne auch nur mit den Ohren zu wackeln. (Dass seine Regierung seit der Spaltung der FPÖ mehrere Jahre hindurch nicht mehr durch Wahlen legitimiert war, fällt da gar nicht weiter auf.)

Wirtschaftlich läuft alles in Richtung Zwei-Drittel-Gesellschaft, in der ein Drittel der Bevölkerung in deutlich geringerem Maß sowohl am wirtschaftlichen Erfolg als auch an der demokratischen Mitarbeit beteiligt ist. Es ist kein Zufall, dass in einer solchen Zeit besonders autoritäre Wahlmodelle forciert werden. Denn in einer Gesellschaft, die der Meinung ist, dass es zum neoliberalen Mainstream keine Alternative gibt, erübrigen sich auch demokratische Alternativen, sie wird nach und nach zu einer autoritären Gesellschaft mit pseudo-demokratischen Einsprengseln. Wenn die Ökonomie alle wichtigen Entscheidungen determiniert, bleibt kein Spielraum mehr für Demokratie.

Eines dieser derzeit so gern angebotenen Wahlmodelle ist das Mehrheitswahlrecht. Es gibt unterschiedliche Modelle mit einer Gemeinsamkeit: Zirka 35 Prozent der Stimmen würden ausreichen, um im Parlament mit absoluter Mehrheit regieren zu können. Ein solches Modell ist weit entfernt davon, demokratisch zu sein (England, das Mutterland der europäischen Demokratie, konnte so von Margaret Thatcher fast im Alleingang und ohne jede Mehrheit in der Bevölkerung nachhaltig strukturell zerstört werden).

Nach den österreichischen Wahlen vom Oktober 2006 würde das bedeuten, dass die Sozialdemokraten als stärkste Partei mit ihren 35 Prozent eine Alleinregierung bilden könnten. Dies wäre – nimmt man das Wahlprogramm der SPÖ ernst – eine Mitte-Links-Regierung. Nach übereinstimmender Meinung fast aller Beobachter haben wir aber eine Rechts-Rechtsaußen-Mehrheit im Parlament. (Allerdings nur nach Mandaten. Nach Stimmen sieht es etwas anders aus, wie in diesem Kapitel noch dargestellt wird.) Die Regierungsmehrheit wäre also das glatte Gegenteil dessen, was bei den Wahlen samt Sitzverteilung nach dem Verhältniswahlrecht herausgekommen ist. Die »Ära Thatcher« wäre ohne das Mehrheitswahlrecht nicht möglich gewesen, Großbritannien (und auch dem Rest der Welt) wäre einiges erspart geblieben. Dass in England eine Partei wie die Liberalen mit einer Anhängerschaft von durchschnittlich 20 bis 30 Prozent der Wähler seit Jahrzehnten keine entsprechende Rolle spielen kann, ist ein demokratiepolitischer Skandal erster Ordnung. Nichts spricht dafür, einen solchen Unfug auch in Österreich einzuführen. Das Regieren mit klaren Mehrheiten ist einfacher. Aber es gibt kein Verfassungsgesetz, in dem vorgeschrieben wird, dass Regieren einfach sein müsse. Grundsätzlich ist die Idee, in komplexen Gesellschaften gäbe es einfache Regierungsgeschäfte, ohnedies von zweifelhafter Qualität.

Das autoritäre Verständnis von »Regieren« zeigt sich soeben bei den Verhandlungen um eine neue österreichische Regierung sehr gut. Zuerst wurde behauptet, der »Wähler« habe mit dem Ergebnis zum Ausdruck gebracht, eine große

Koalition zu wollen. Das ist Unsinn. Es gibt keinen Wählerwillen, der sich in einem Wahlergebnis ausdrückt. Dem einzelnen Wahlberechtigten mag etwas durch den Kopf gegangen sein – oder auch nicht – als er oder sie irgendwo ihr Kreuzerl gesetzt haben. Das Ergebnis sind mögliche und nicht mögliche Regierungskonstellationen, aber keine Manifestation eines Wählerwillens. Eine solche Manifestation findet nur dann statt, wenn über einzelne, konkrete Fragen abgestimmt wird.

Man kann aus dem Ergebnis herauslesen, dass ziemlich viele Leute den Regierungsparteien des Kabinetts von Wolfgang Schüssel das Vertrauen entzogen haben, genau genommen so viele, dass die ÖVP mit ihrem bisherigen Partner, dem BZÖ, nicht mehr allein weiterregieren kann. Gleichzeitig ist es keiner der großen Parteien möglich, allein mit den Grünen eine Mehrheit zu bilden. Rein rechnerisch hat die ÖVP die Möglichkeit, eine Koalition mit den zwei Rechtsaußen-Parteien zu bilden, ebenso die SPÖ, wobei die für die SPÖ aber praktisch kaum in Frage kommt. SPÖ und Grüne könnten gemeinsam mit einer Rechtsaußen-Partei ebenfalls eine Mehrheit bilden.

Allerdings gelten diese Begrenzungen nur, wenn man von einer fixen, während der gesamten Legislaturperiode gleichbleibenden Mehrheitsbildung ausgeht und freie Mehrheitsbildungen ausschließt. Das Ergebnis einer solchen Fixierung ist ein Regierungsprogramm mit vielen Kompromissen und Dauerblockaden. So hat es etwa die ÖVP wiederum geschafft, jedweden Fortschritt im Schulsystem für die nächsten vier Jahre zu verhindern.

Es ist traurig, dass die Grünen nicht bereit waren, echten Parlamentarismus mit ständig wechselnden Mehrheiten zu wagen. (Allerdings hat es auch die FPÖ unterlassen, hier besonders aktiv zu werden.) So wie es für viele Projekte keine gemeinsame Mehrheit zwischen Schwarz und Rot gibt, gäbe es für diese Projekte eine klare Mehrheit im Parlament. Es steht außer Frage, dass es sowohl eine parlamentarische Mehrheit in der Frage der Abfangjäger als auch bei der Korrektur der Pensionsreform gegeben hätte. Es gibt eine parlamentarische Mehrheit jenseits der ÖVP für die Gesamtschule. Man kann das vorliegende Regierungsprogramm Punkt für Punkt durchgehen und wird feststellen, dass es in Dutzenden Fragen freie parlamentarische Mehrheiten für wesentlich vernünftigere Lösungen gegeben hätte. Und natürlich hätte es auch Fragen gegeben, bei denen die Regierung eine parlamentarische Mehrheit gegen sich gehabt hätte. Das ist noch keine Katastrophe, sondern eben gelebter Parlamentarismus. Die SPÖ hätte sich das Umfaller-Image erspart, die ÖVP wäre in der wohlverdienten Opposition gelandet, und sowohl FPÖ als auch BZÖ wären gezwungen gewesen, zu zeigen, ob sie in der Lage sind, parlamentarische Abmachungen einzuhalten. Dem wäre nur die Problematik entgegen gestanden, dass man für manche Projekte die Zustimmung von Parteien gebraucht hätte, die einem ziemlich zuwider sind. Aber so ist das politische Geschäft eben. Noch hat niemand erklärt, warum es unstatthaft, unmoralisch oder sonstwie verachtenswert wäre, mit der FPÖ oder dem BZÖ über eine Verbesserung für Pensionisten zu verhandeln. Ganz im Gegenteil, man hätte endlich eine Strategie gefunden, wie man diese Parteien – ohne sie gleich in die Regierung nehmen zu müssen – zum Nutzen des Staatsganzen einsetzen kann, ohne sich selbst zu bekleckern. Nachdem die Strategie der Ausgrenzung ebenso gescheitert ist wie die nachfolgende Strategie der Einbeziehung in die Regierung, wäre dies eine dritte Variante des Versuchs gewesen, das »Dritte Lager« in die Politik der Republik einzubinden. Insbesondere im Hinblick auf die Befindlichkeit der Wähler dieses Lagers wäre das nicht uninteressant gewesen. Denn so wie nun die große Koalition die Dinge angeht, darf man davon ausgehen, dass das Wachstum der FPÖ wieder angeheizt wird. (Außerdem ist in mehreren Bundesländern und auf Gemeindeebene die Zusammenarbeit aller Parteien zwingend vorgeschrieben. Dort ist es alltäglicher Brauch, dass alle Parteien miteinander sprechen. Auf der Kommunalebene ist die Ausgrenzung der FPÖ schon heute praktisch unmöglich.)

Merkwürdigerweise fällt den Regierenden bei Problemen nie etwas ein, das in Richtung Erweiterung der Demokratie geht, sondern immer nur Maßnahmen, welche die Demokratie beschränken. Der Regierungspakt SPÖ-ÖVP ist ein gutes Beispiel dafür.

Natürlich wäre es naiv zu erwarten, die undemokratischen Maßnahmen der ÖVP, die seit 2000 ein Weniger an Demokratie gebracht und uns teilweise ins Zeitalter des Ständewahlrechts zurückgeworfen haben, würden nun rückgängig gemacht werden. Die Verstöße gegen das Prinzip »one man, one vote« (bei den Sozialversicherungen und der ÖH) wurden nicht repariert. Dass man aber im Gegenzug eine weitere Einschränkung von Wahlgelegenheiten paktieren würde, war wirklich nicht zu erwarten, und es überrascht einigermaßen, dass bisher keine diesbezüglichen Proteste laut geworden sind. Gemeint ist die Verlängerung der Legislaturperiode des Nationalrats von vier auf fünf Jahre. Während sonst alle Maßnahmen des Demokratiepakets noch evaluiert und untersucht werden sollen, ist diese Maßnahme mit einem einzigen, nüchternen Hauptsatz festgeschrieben. Kein Protest der anderen Parteien. Offenbar ist auch Politikern von sonst den Bürgern angeblich besonders nahe stehenden Parteien die Verlängerung des eigenen »Arbeitsvertrages« wichtiger als demokratiepolitische Bedenken. Die österreichische Verfassung ist ohnedies nur spärlich mit plebiszitären Elementen versehen, umso wichtiger ist es, in diesem Wahlsystem die Volksvertreter möglichst oft der Beurteilung durch die Wähler auszusetzen. Tatsache ist jedoch, dass – trotz Herabsetzung des Wahlalters auf 16 Jahre – Menschen mit durchschnittlicher Lebenserwartung im Laufe ihres Lebens drei Wahlgänge weniger erleben werden, bei denen sie in die Politik eingreifen können. Dafür hat man sich nicht einmal dazu durchringen können, den Ausbau der parlamentarischen Oppositionsrechte festzulegen. Alle Zeichen stehen leider auf weniger, statt auf mehr Demokratie.

Wie zum Ausgleich für die allgemeine Unsicherheit, werden auch andere demokratische Rechte mehr und mehr eingeengt. Wiederum ist England Vorreiter. Dort ist es heute unmöglich, auf die Straße zu gehen, ohne von einer Überwachungskamera erfasst zu werden. Der Durchschnittsbrite wird rund 300 Mal am Tag (!) von einer Überwachungskamera aufgenommen. Die öffentliche Sicherheit hat das nicht erhöht, aber auch das ist eine der gefährlichen Tendenzen des angewandten Neoliberalismus: Die Gefährdung des Lebens liegt in den unsicheren wirtschaftlichen Umständen, in der mangelnden Bereitschaft des Staates, seine Bevölkerung vor den Zumutungen einer wildgewordenen Ökonomisierung der Welt zu schützen. Dem Bürger jedoch wird vorgegaukelt, die Hauptgefahr drohe von islamistischen Extremisten. Die Gefahr, in der eigenen Lebensqualität schwer beeinträchtigt zu werden, droht eher durch den Verlust des Arbeitsplatzes als von einem Terroranschlag. In Europa gibt es heute rund 30 Millionen offizielle und noch einmal so viele »inoffizielle« Arbeitslose. Die Hauptgefahr besteht darin, durch die falsche Wirtschaftspolitik der EU in seinen Lebenschancen empfindlich beeinträchtigt zu werden. Die Wahrscheinlichkeit, dass die Politik der EU den eigenen Lebensstandard gefährdet liegt 80 Millionen Mal höher als die Wahrscheinlichkeit, in einem westeuropäischen Land Opfer eines Terroranschlags islamistischer Fundamentalisten zu werden. (Es ist sogar noch zehnmal wahrscheinlicher, im Österreichischen Lotto einen Sechser zu machen, als Opfer eines solchen Anschlags zu werden.)

Auf absurde Weise werden staatliche Kontrollen ausgeweitet, um dem Bürger das Gefühl einer Pseudosicherheit zu geben und um ihm den Blick dafür zu nehmen, was sein Leben wirklich gefährdet – eine menschenfeindliche Politik, die sich von den Interessen der »kleinen Leute« längst weit entfernt hat. Unvergessen das geplante Dirndl-Verbot für Arbeitskräfte im Gastgewerbe (kein Ausschnitt, um Hautkrebs vorzubeugen). Auch die Idee, dass Bauarbeiter nur mehr in voller

Montur arbeiten, damit sie nicht der gefährlichen Sonne ausgesetzt sind, scheint nur Leuten, die ihr Leben in klimatisierten Büros verbringen, ziemlich logisch. Auf die Idee, die Lebensarbeitszeit von Straßenarbeitern so zu begrenzen, dass diese auch noch ihre Pension genießen können, kommt so ein ökonomisierter Denker natürlich nicht. Die durchschnittliche Lebenserwartung von Straßenarbeitern liegt noch immer unter 60 Lebensjahren. Während die Politik darauf verzichtet, die wahren Lebenswelten der Menschen zu schützen, baut sie riesige technokratisch-militärische Sicherheitsapparate auf, mit deren Hilfe sie der Bevölkerung vorspielt, alles zu tun, um mehr Sicherheit zu gewährleisten. Dies geht einher mit drastischen Einschränkungen der demokratischen Rechte. Man nehme nur Guantanamo (und die ungeklärte Rolle, die auch Europas wichtigste Politiker in diesem Zusammenhang gespielt haben). Die Gefängnisse sind überfüllt, in den USA ist die Gefängnis-Industrie einer der am schnellsten wachsenden Wirtschaftszweige; kein Wunder, wenn fünf Prozent der Bevölkerung im Häfn (= Knast) sitzen.

Es geht nicht um echte Sicherheit, sondern nur um das große Theater rund um sie. Den Bürgerinnen und Bürgern, hinausgestoßen in die Unsicherheiten einer sozialdarwinistisch verfassten EU, wird ein sinnloses und teures Sicherheitsspektakel geboten, das sie vergessen lassen soll, wo die wahren Unsicherheiten ihres Lebens liegen: in der Unterordnung ihrer Lebensinteressen unter die Verdienstinteressen der Großkonzerne und des Finanzkapitals.

Doch zurück nach Österreich. Hier liegt die Lösung eigentlich auf der Hand. Nicht ein Weniger an Demokratie in

Form von Mehrheitswahlrecht und verlängerter Legislaturperiode ist gefragt. Denn wenn man das letzte Wahlergebnis genauer untersucht, wird man feststellen, dass es vor der Umrechnung in Mandate erstmals seit langem eine Mehrheit links der Mitte gibt, die nur deshalb im Parlament nicht zum Tragen kommt, weil es die Fünf-Prozent-Klausel gibt. Die gültigen Stimmen links der Mitte ergeben in Summe 50,25 Prozent, die rechts der Mitte 49,71 Prozent. Ein Anteil von 0,05 Prozent bleibt unzuordenbar, ändert aber nichts an der Mehrheit.

Die meisten von uns wählen mit zusammengebissenen Zähnen das vermeintlich kleinste Übel, denn wir haben zu wenig Wahlmöglichkeiten. Wir müssen mit einer Stimme ein ganzes Paket kaufen, das darauf hin abgestimmt ist, möglichst viele Wähler des kleinsten Übels anzuziehen. Es ist ein intellektueller Irrtum, wenn man den Regierenden das Regieren leicht machen will. Das verführt zum Hochmut der Macht. Viel klüger als ein Mehrheitswahlrecht ist ein Wahlrecht, das möglichst genau die abgegebenen Stimmen abbildet – und zwar ohne Mindesthürden. Umgelegt auf die letzte Nationalratswahl in Österreich würde das etwa bedeuten, dass bei 183 Mandaten und rund 4,7 Millionen gültig abgegebenen Stimmen, ein Mandat im Durchschnitt 25.728 Stimmen kostet. Die auf jede Partei entfallenden Stimmen werden einfach durch diese Zahl dividiert, und schon hat man ein Wahlergebnis, das trotz nur geringfügiger Verschiebungen bei den Mandaten, das tatsächliche Wahlverhalten doch wesentlich richtiger widerspiegelt: Es gibt keine Mehrheit rechts der Mitte im Parlament (die nur dadurch entstanden ist, dass die Liste Martin und die KPÖ an der Fünf-Prozent-Hürde gescheitert sind). Es gibt eine breitere Auffächerung des Parteienspektrums und mehr Möglichkeiten der freien Mehrheitsbildung:

Partei	Mandate 2006	ohne Fünf-Prozent-Hürde
SPÖ	68	65
ÖVP	66	63
Grüne	21	20
FPÖ	21	20
BZÖ	7	8
KPÖ	0	2
Liste Martin	0	5

In dieser Konstellation wäre das Problem überwunden, dass in Österreich nur große Koalitionen oder Koalitionen unter Einschluss der Rechtsradikalen möglich sind. Ein Modell mit ständig wechselnden Mehrheiten wäre realisierbar, und langfristig würde ein lebendigerer Parlamentarismus mit einem breiteren Parteienspektrum entstehen, denn das obige Beispiel ist nur eine Momentaufnahme. Wenn es wahrscheinlicher wird, dass auch kleine Parteien eine Chance haben, im Parlament vertreten zu sein, würde sich die Parteienlandschaft zwangsläufig stärker differenzieren. Gerade im österreichischen Modell der Parteiendemokratie würde das ein Mehr an Demokratie bedeuten. Die Bürger hätten eher das Gefühl, eine Partei zu wählen, mit deren Programm sie in größerem Ausmaß übereinstimmen. Auch das Problem des nicht Einhaltens von Wahlversprechen würde sich anders stellen. Würde es keine fixe Blockbildung geben, wäre klar, dass ein bestimmtes Wahlversprechen nur dann realisiert werden kann, wenn sich auch eine Mehrheit findet.

Leider ist nicht damit zu rechnen, dass die Großparteien hier zu einem Umdenken zu bewegen sind. Denn die Tendenz, auch die innerparteiliche Demokratie zurückzufahren, ist evident. Dass die Kanzlerpartei ÖVP dies unter Wolfgang Schüssel sehr deutlich so gehandhabt hat, und die Oppositionspartei SPÖ zumindest unmittelbar nach der Wende im Jahr 2000 eher auf verstärkten innerparteilichen Diskurs setzte, liegt an den unterschiedlichen Rollen. Doch auch in der SPÖ erlahmte der Diskussionseifer bald. Von den Gedanken, die noch im »Netzwerk Innovation« gewälzt wurden, findet sich nicht mehr viel im letzten Wahlprogramm. Für das Regierungsübereinkommen spielten grundsätzliche programmatische Überlegungen keine erkennbare Rolle. Ob die Ansage von Alfred Gusenbauer, ein Volkskanzler sein zu wollen, darauf hindeutet, dass er bereit ist, sich der Diskussion mit den Bürgern zu stellen und aus dieser Diskussion zu lernen, oder mehr in die Richtung eines paternalistisch-aufgeklärten Herrschaftsdenkens geht, wo der allweise Kanzler sich ein wenig im Volk umhört, wo der Schuh denn so drückt, um dann die eine oder andere lindernde Salbe zu verteilen, ist noch nicht klar. Beide Rollen hätten zwar eine wesentlich sympathischere Anmutung als die dünnlippige, verkniffene Kaltschnäuzigkeit Wolfgang Schüssels, aber demokratiepolitisch ist nach wie vor Achtsamkeit angesagt.

Weltweit sind die Aussichten ohnedies eher traurig. Große Demokratien wie England oder die USA haben im Kampf gegen den Terror den eigenen Bürger als Ziel entdeckt. Die Anzahl der Staaten mit halbwegs demokratischem System stagniert deutlich. Die demokratische Transformation der ehemaligen Ostblock-Staaten ist ebenso zweifelhaft wie ihre wirtschaftlichen Fortschritte. Die letzten EU-Neuzugänge Bulgarien und Rumänien gehen nicht einmal als schlechte Parodien eines demokratischen Systems durch. Man hat den Eindruck, dass manche Kreise in der EU es darauf anlegen, die demokratischen Mindeststandards herunter zu fahren.

Es ist zu befürchten, dass etwa die EU dem Unmut der Bürger mit weiterer Entdemokratisierung begegnen wird, mit einem Stopp des Verfassungsprozesses oder mit seiner gezielten Torpedierung. Wobei zu fragen ist, ob der momentan vorliegende Entwurf eines Verfassungsvertrages (keiner Verfassung wohlgemerkt) nicht ohnedies besser in den Rundablagen der Brüsseler Bürokraten aufgehoben ist. Die Tendenz geht jedenfalls eindeutig dahin, bestehende Rechte des Bürgers unter Hinweis auf naturgesetzlich ablaufende wirtschaftliche Vorgänge einzuschränken.

Unter den vier Freiheiten (freier Personenverkehr, freier Warenverkehr, freier Dienstleistungsverkehr, freier Kapitalverkehr) der EU kommen die Bürgerinnen und Bürger als Citoyenne und Citoyen nicht vor, von Freiheit jenseits der Ökonomie ist nicht die Rede. Von Demokratie schon gar nicht. Es ist die Freiheit der Pfeffersäcke, auf welche Art auch immer ihr Vermögen zu vermehren. Zynischer als mit diesen vier Freiheiten hätte selbst Marx den Kapitalismus nicht charakterisieren können. Eine Europäische Union, der es nicht gelingt, sich von den vier Freiheiten zu emanzipieren, indem sie diese den Interessen der arbeitenden Menschen unterordnet und zügelt, wird in Umkehrung dessen die arbeitenden Menschen unterordnen und zügeln müssen. Und das ist genau das, was man sich unter »autoritärem Kapitalismus« vorstellen muss.

Der Globalisierungsschwindel oder clash of economies

Sagen wir so: die Globalisierung ist derzeit noch nicht wirklich unser Problem. Sie dient zwar als Ausrede für viele Schwierigkeiten, ist jedoch nicht deren Ursache.

Man muss sich nur die realen Handelsströme vor Augen halten: Der außereuropäische Handel der EU-Länder beträgt nur 10 Prozent des gesamten Handelsvolumens. Von diesen 10 Prozent finden 80 Prozent zwischen den entwickelten Industrieländern statt, allein Deutschland hat einen Anteil von 35 Prozent. Es ist also falsch, den Untergang von vielen Millionen Arbeitsplätzen in Westeuropa einer wie immer gearteten Globalisierung anzulasten. Es stimmt zwar, dass seit 1989 in China Hunderte Millionen Menschen sich erstmals in Arbeitskräfte im kapitalistischen Sinn verwandelt und auf den Arbeitsweltmarkt begeben haben. Doch momentan ist das mehr Drohung als Realität. Die einzigen Märkte, die derzeit wirklich globalisiert sind, sind die Finanzmärkte.

Grundsätzlich ist die steigende Sockelarbeitslosigkeit ein Ergebnis jahrzehntelanger kapitalistischer Akkumulation in Westeuropa, Japan und den USA. Seit Mitte der 1970er Jahre ist nach jedem Konjunkturzyklus die Sockelarbeitslosigkeit höher gewesen als davor. Daran hat auch die technische Revolution der Mikroelektronik nichts verbessert, im Gegenteil, der Prozess hat sich verschärft. Es fand eine unglaubliche Explosion der Produktivität statt. Während die westlichen

Industriestaaten seit dem Aufkommen von Gewerkschaften und Kollektivverträgen spätestens Mitte des 19. Jahrhunderts auch regelmäßig die Arbeitszeit verkürzt haben, ist dieser Prozess nach 1975 fast völlig zum Erliegen gekommen. Um 1848 dauerte der durchschnittliche Arbeitstag noch bis zu 15 Stunden. Urlaub gab es kaum, allerdings eine größere Zahl kirchlicher Feiertage. Besonders gut ausgebildete Teile der Arbeiterschaft (Schriftsetzer, Uhrenarbeiter) erreichten um 1870 den Zehn-Stunden-Tag. 1889 wurde der 1. Mai zum internationalen Kampftag für den Acht-Stunden-Tag. Spätestens mit der Wirtschaftskrise ab 1924 wurde die 48-Stunden-Woche (Sechs-Tage-Woche) in Europa die Regel. Nach dem Zweiten Weltkrieg kam es zu einer Stagnation beim Abbau der Arbeitszeit, galt es doch den Wiederaufbau zu meistern. Die Gewerkschaften legten ihr Hauptaugenmerk auf Lohnsteigerungen. Erst ab etwa 1955 trat sukzessive die 44-Stunden-Woche mit einigen Zwischenschritten in Kraft. Ab 1970 kam es zur Einführung der 40-Stunden-Woche. Die 35-Stunden-Woche konnte praktisch nicht mehr flächendeckend und branchenübergreifend durchgesetzt werden.

In all diesen Jahren war nicht nur die Wochenarbeitszeit, sondern auch die Jahres- und Lebensarbeitszeit verkürzt worden. So war sichergestellt, dass sich einerseits der Produktivitätsfortschritt in den Löhnen wiederfand, gleichzeitig aber die enorm steigende Produktivität nicht in Arbeitslosigkeit mündete, da einerseits eine kontinuierliche Anhebung der Urlaubsansprüche stattfand, und andererseits die Verweildauer in der Erwerbstätigkeit gesenkt wurde (späterer Berufseintritt, früherer Pensionsantritt).

Nach 1975 wurde der bis dahin herrschende gesellschaftliche Konsens, dass Produktivitätssteigerungen nicht zu höherer Arbeitslosigkeit führen dürfen, seitens der Industrie mit der Begründung aufgekündigt, dass dies nicht mehr leistbar sei. Die Geschichte der Arbeitszeitverkürzung war immer eine Geschichte des industriellen Untergangs, denn gemessen am Gejammer der Unternehmer stand bei jeder Arbeitszeitverkürzung nichts weniger als die Existenz des Kapitalismus auf dem Spiel. Merkwürdigerweise hat dieses System es trotzdem ausgehalten, dass im Laufe von etwas mehr als 100 Jahren die Arbeitszeit um mehr als 50 Prozent gesenkt und dabei auch noch Wohlstand geschaffen werden konnte.

Die rasant steigende Produktivität hätte ab etwa 1980 weitere einschneidende Verkürzungen der Arbeitszeit erfordert, um die Menschen in bezahlter Beschäftigung zu halten. Denn nun traf die steigende Produktivität auch auf zunehmend gesättigte Märkte. Viele der technischen Neuerungen, die seit 1950 als Güter des Massenkonsums zur Verfügung standen, hatten einen Großteil der Haushalte erreicht. Es ging nun nicht mehr um die Erstanschaffung von Fernsehapparat, Waschmaschine oder Staubsauger, sondern um deren Ersatz. Kein Wunder also, dass in diesen Jahren auch die große Stahlkrise einsetzte, und die großen privaten Pionier-Unternehmer der Nachkriegszeit in Schwierigkeiten gerieten. Man denke etwa an »Grundig«, einen der bedeutendsten Hersteller von Unterhaltungselektronik in Europa, der erst nach dem Zweiten Weltkrieg gegründet worden war, und einen fulminanten Aufstieg hingelegt hatte.

Die Innovationszyklen der Produkte wurden drastisch verkürzt. Ein Spitzengerät der Fotokamera-Marke »Nikon«, wie etwa die F3-Spiegelreflexkamera, wurde acht Jahre hindurch gefertigt. Ihr Nachfolgemodell, die F4, brachte es nur mehr auf sechs Jahre. Die nunmehrigen digitalen Modelle werden innerhalb von höchstens zwei Jahren durch Nachfolger ersetzt. Trotzdem kommt es nach einem ersten Schub zu keinen nachhaltigen Umsatzzuwächsen mehr, da die Menschen den Fortschritt zwischen den Modellen nicht mehr erkennen können, die angeblichen Fortschritte sind zu offensichtlich bloße Marketingbehauptungen. Während sich der Umstieg von der alten Langspielplatte auf CD (und der Wechsel der dazu gehörigen Abspielgeräte) über rund zehn Jahre hinzog, erfolgte der Umstieg von der analogen auf die digitale Fotografie innerhalb von knapp fünf Jahren. Für die Marktdurchdringung mit Kühlschränken brauchte es mehr als zwei Jahrzehnte. Eine Neuerung wie das Mobiltelefon schaffte das innerhalb von zwei bis drei Jahren. Wir können gar nicht mehr so schnell und so viel Neues erfinden, dass wir damit den Fortschritt in der Produktivität und die gewachsene Rasanz der Marktdurchdringung egalisieren könnten. Diese gewachsene Rasanz der Verbreitung hat mit den hoch automatisierten Produktionsprozessen zu tun. Während bei der Einführung des Farbfernsehens fast ein Jahrzehnt lang ein spürbarer Preisunterschied zur alten Schwarzweiß-Technik wahrzunehmen war, ist der Preisverfall selbst der allerneuesten und hoch komplizierten Innovation innerhalb von Monaten abzusehen. Neue Techniken wie Blue-Ray (als DVD-Ersatz) erreichen mitunter innerhalb eines halben Jahres normale Konsumentenpreise.

Wegen dieses Mangels an nachhaltiger Wachstumswirksamkeit von Innovationen wird die Idee der Bildungsgesellschaft an dieser Problematik nichts ändern können. Natürlich ist es grundvernünftig, Menschen ein möglichst hohes Bildungs- und Ausbildungsniveau zu geben, das ist ein Menschenrecht. Aber eine höhere Ausbildung verschiebt das Problem nur nach oben. Statt mit Hauptschulabschluss ist man dann mit AHS-Abschluss arbeitslos; Tätigkeiten, die früher von Maturanten erledigt wurden, machen dann Akademiker. Und so weiter. Wir können gar nicht so viele Innovationen dank gesteigerter Bildung erfinden, als nötig wären, um massive und nachhaltige Wachstumsschübe zu erzeugen. Höhere Ausbildungsstandards erhöhen die Chancen des Einzelnen, ändern aber nichts am Arbeitsplatzmangel insgesamt.

Wenn es stimmt, dass die Menschen in Zukunft mehrmals im Leben den Beruf werden wechseln müssen, ist Bildung und nicht Ausbildung das Gebot der Stunde. Die Orchideenfächer zählen. Es sei daran erinnert, dass der große Fortschritt der deutschen Industrie im Bereich Chemie erst dadurch gelang, dass man Forschung und Lehre an den neuen technischen Universitäten eng aneinander koppelte. Nicht die Industrie bestimmte das Tempo der Grundlagenforschung, sondern umgekehrt der Staat, indem er die Lehre an die Forschung band und diese Forschung großzügig finanzierte. So gelang Ende des 19. Jahrhunderts Deutschlands Aufstieg vom Agrarland zur Industriemacht. Der heutige Weg, die Forschung mehr und mehr von der Industrie finanzieren zu lassen, wird sich als Irrweg herausstellen. Nur eine freie Wissenschaft, die nicht von vornherein nach den Ertragschancen fragen muss, kann neue Erkenntnisse bringen.

Doch noch einmal zurück ins Jahr 1970: Ölkrise, gesättigte Märkte und weiterhin rasant steigende Produktivität. Ein Szenario, wie erfunden für Politiker, die sich in Pseudo-Pragmatismus üben und den Dingen ihren Lauf ließen. Im Prinzip galten damals wie heute die selben Ausreden: Dass es sich um internationale (= globale) Rahmenbedingungen handle, gegen die der Nationalstaat nur wenig ausrichten kann. Seit damals legen die Politiker kurz vor Wahlen ebenso kurzatmige Konjunktur-Belebungs-Programme auf und warten dann nach Luft ringend auf den großen Wirtschaftsaufschwung, der die Probleme der zunehmenden Arbeitslosigkeit lösen könnte. Doch da wird wohl eher noch Godot auf der Bühne des Zeitgeschehens erscheinen …

Denn die inzwischen europaweit akkordierte Politik des Neoliberalismus wird verschärft durch die Einheitswährung Euro, die man ungleichen Volkswirtschaften übergestülpt hat wie gleich große Schuhe. Da kann nur ein tölpelhaftes Dahinstolpern die Folge sein.

Der bundesdeutsche Kanzler Helmut Kohl hatte es vorgemacht, wie man es nicht tun soll: Nach der Wiedervereinigung Deutschlands tauschte er mit einem volkswirtschaftlich unhaltbaren Kurs (1:1) die Ostmark in D-Mark ein, um dann möglichst bald in den Euro zu flüchten. Leider hat man sich dann bei der Flucht in den Euro nicht angeschaut, was bei der Währungsumstellung in Deutschland geschehen ist.

Die ostdeutschen Fabriken waren nur im Rahmen der geschlossenen Kommandowirtschaft des Ostblocks »konkurrenzfähig«. Gegenüber der westdeutschen Industrie waren sie chancenlos, noch dazu wo in Westdeutschland große Überkapazitäten bestanden. Der gloriose Wirtschaftspolitiker Kohl erfand das windschiefe Ei des Columbus. Er gab den Ostdeutschen unrealistisch hohe D-Mark-Beträge für ihre wertlose Ostmark. Die Ostbürger dachten nicht im Schlaf daran, mit der eben erhaltenen, edlen D-Mark ostdeutsche Ramschprodukte zu kaufen. Die westdeutsche Industrie war mit einem Schlag bestens ausgelastet und konnte fröhlich die Fließbänder anwerfen. Die ostdeutschen Kombinate dagegen gingen innerhalb weniger Wochen pleite. Mit Hilfe der D-Mark hatten die Ostdeutschen ihre eigene Lebensgrundlage, nämlich ihre ostdeutschen Arbeitsplätze, zerstört.

Sowohl Helmut Kohl als auch Wolfgang Schäuble waren die Folgen dieses Vorgehens schon im Vorhinein bewusst. Sie waren von ihren Beratern ausdrücklich vor einer solchen Politik gewarnt worden, sahen jedoch die einmalige Chance, die Regentschaft Kohls um die eine oder andere Wahlperiode zu verlängern. Diese Rechnung ging auf. Bezahlt haben sie die Ostdeutschen, denen man blühende Wiesen versprochen und die Zertrümmerung ihres Lebens geliefert hat. Das kurzfristige, zynische Kalkül der Macht hatte über die langfristigen Lebensinteressen der Ostdeutschen gesiegt. Man muss es deutlich wiederholen: Die Politik hat sich nicht geirrt, sondern bewusst einen Weg eingeschlagen, der den Menschen, um deren Stimmen man gerade warb, langfristig und erkennbar größten Schaden zufügen würde.

Dies lässt Rückschlüsse auf die Wahrhaftigkeit der Argumente zu, mit denen Politiker uns heute gewisse Errungenschaften Europas schmackhaft machen wollen, und wie ernst wir ihre Ausrede nehmen dürfen, dass Maßnahmen der EU wie Deregulierung oder Privatisierung, von der Globalisierung geradezu erzwungen würden, und dass dies alles zu unserem Besten geschehe.

Denn offen gesagt: Derzeit findet die Globalisierung innerhalb der Grenzen Europas als innere Globalisierung statt. Es sind weder die Software-Programmierer im indischen Bangalore noch die unter frühkapitalistischen Verhältnissen in Shanghai robotenden jungen Chinesinnen, die unseren Wohlstand gefährden – der wird von einer EU-Politik gefährdet, die dreißig Kilometer von Wien Billigstlohnzentren fördert, die zuerst einfache Arbeiter bedroht haben, inzwischen aber bereits die Mittelklasse erreichen (Zahnarztpraxen) und auch deren Existenz gefährden.

Anstatt all die Länder mit ihren unterschiedlichen wirtschaftlichen Vorausbedingungen und Niveaus in einem vorsichtigen Prozess langsam aneinander heranzuführen, entschied man sich für den clash of economies. Und zwar möglichst frontal. Dabei nimmt man rücksichtslos in Kauf, dass der friedensstiftende Prozess der europäischen Zusammenarbeit gefährdet und erreichte Fortschritte wieder verspielt werden, wenn die westeuropäischen Bürger nicht mehr länger bereits sind, die Zeche für eine verfehlte Europapolitik in der Form zu bezahlen, dass sich der eigene Wohlstand drastisch verringert. Man darf davon ausgehen, dass die Bürger der wohlhabenderen Länder zu überschaubaren Opfern bereit gewesen wären, wenn diese zu vernünftigen Resultaten führten. Unerträglich jedoch ist es, dass die westeuropäischen

Steuerzahler mit ihren Steuern den Steuerwettbewerb finanzieren, den Erweiterungsländer wie die Slowakei vom Zaun gebrochen haben. Wenn beteuert wird, dass Österreich besonders von der Osterweiterung profitiert habe, gleichzeitig aber alle Statistiken zeigen, dass die Realeinkommen der Österreicher seit mehr als zehn Jahren teils stagnieren, teils zurückgehen, dann stellt sich die Frage, welches Österreich da gemeint ist, wenn von den Profiteuren der Osterweiterung die Rede ist. Es muss das Österreich einiger Großindustrieller gemeint sein, das Österreich einiger Gründerzeit-Bankiers mit dicken Optionszusagen in den Aktentaschen.

Wer mit offenen Augen durch die ehemaligen Oststaaten fährt, endet ohnedies in der dort offensichtlichen Depression. Abgesehen von den Prachtstraßen in den Innenstädten der alteuropäischen Ostmetropolen herrscht dort weit verbreitet tiefste Armut. Während man die Nobelstraßen kaum voneinander unterscheiden kann, überall die immer gleichen Auslagen von Chanel, Gucci & Co. das Straßenbild beherrschen, und die oberen Zehntausend der hemmungslosen Profiteure ebenso hemmungslos ihren durch nichts gerechtfertigten Reichtum zur Schau stellen, herrscht abseits der Nobelgegenden eine Armut, die sich von jener aus der Zeit der Kommandowirtschaft nur dadurch unterscheidet, dass sie noch entwürdigender und menschenfeindlicher ist. Denn diesmal ist ja nicht das System, sondern der einzelne Mensch schuld, der es in diesem System so vieler Freiheiten (gleich vier an der Zahl) zu nichts gebracht hat.

Es sei nochmals festgestellt: Die innere Globalisierung, also die totale Auslieferung Europas an die Gesetze eines zügellosen Wettbewerbs zwischen den Mitgliedsstaaten der EU, ist im Gange, und wir sind mitten drin. Die Politiker egal welcher Couleur sind nicht gewillt, in diesen unsinnigen Prozess ordnend einzugreifen. Obwohl die Spieltheorie zeigt, dass Kooperation sinnvoller ist als Wettbewerb, da sie im Gegensatz zu letzterem meist win-win-Situationen schafft, wird die Politik am momentanen Zustand Europas nichts ändern. Zu stark ist der Einfluss der Lobbies. Das permanente brain washing hat gewirkt. Es gibt keine Nachrichtensendung mehr, die nicht mit Börsenkursen endet. Selbst die Schulen hat man in Österreich im Rahmen der Schulautonomie für kommerzielle Werbung geöffnet, Privatfirmen dürfen nun in den Schulgebäuden für ihre Produkte werben. Politikern ist es jedoch ebenso verboten, in Schulen zu werben wie politischen Parteien. Eine wirklich kuriose und unverständliche Bevorzugung des Ökonomischen vor dem Politischen, wo es doch gesellschaftspolitisch genau umgekehrt sein sollte.

Der Hamburger Hafen ist der größte Containerhafen der Welt und wird jährlich von 4.500 Frachtschiffen angefahren. Mit deren Be- und Entladung waren 1960 noch 40.000 Schauerleute beschäftigt. Im Jahr 2006 (nach der Vollumstellung auf Container) wird gerade noch eine Person benötigt. Das hat mit Globalisierung nichts zu tun, sondern mit höchster Produktivität dank allerneuester Informationstechnologie im Verbund mit modernster Container- und Schiffbautechnik.

Die höchstqualifizierten Mitarbeiter der Handy-Sparte von Benq, vor einem Jahr gutsituierte Siemens-Mitarbeiter, durften erleben, was ein hohes Ausbildungsniveau wirklich noch wert ist. Nachdem schon Siemens mit seiner Handy-Sparte nichts anzufangen wusste, hat man diesen Geschäftszweig an Benq verschleudert. Aufgrund der Überkapazitäten in der Handy-Montage (aber auch im Entwicklungsbereich) hatte niemand Verwendung für die Leute. Ein Geschäft wäre die Sache nur dann geworden, wenn man die eigene Entwicklung und Produktion einstellt. Für einen Weltkonzern wie Siemens (und einen aufsteigenden Weltkonzern wie Benq) rechnet es sich nicht mehr, in einer Schlüsseltechnologie eine eigene Entwicklung und Produktion aufrecht zu erhalten. Die Geräte aller Hersteller sind inzwischen extrem elaboriert und ausgefuchst, vollgestopft mit Features, die kein Mensch versteht, sodass nur die Wenigsten noch in der Lage sind, diese Dinger auch zu bedienen, wenn es über das simple Telefonieren hinausgeht. Da hat es keinen Sinn, Hundertschaften von Ingenieuren immer weitere Gimmicks erfinden und in die Geräte integrieren zu lassen. Der teuer erkaufte Mehrnutzen wird vom Kunden gar nicht mehr erkannt. Man hat für das extrem hohe Know-how der Ingenieure keine Verwendung, weil die daraus resultierenden Erfindungen von niemandem gebraucht werden. Für Siemens war es offenbar sinnvoller, Benq nicht nur 500 Millionen Euro dafür zu bezahlen, dass die ihnen die Sparte abnahmen, sondern hat auch noch rund 1.750 weltweit gültige (angeblich wichtige) Patente dazugelegt. Wahrlich, der Irrsinn hat System.

Wenn also bei Siemens-Benq je nach Rechnung bis zu 1.500 Mitarbeiter ihre Jobs verlieren, so ist auch hier nicht die Globalisierung schuld, selbst wenn man das auf Grund der Firmenkonstellation im ersten Moment glauben könnte.

Die Beispiele sollten nur drastisch vor Augen führen, dass die derzeitigen Probleme in Europa noch immer weitgehend hausgemacht sind. Die Globalisierung ist eine billige Ausrede fürs Nichtstun. Die europäischen Probleme fußen auf der Unfähigkeit und dem Unwillen neoliberaler Politik, Wege zu suchen, wie für jeden in Europa lebenden Menschen ein Arbeitsplatz verfügbar gemacht werden kann, von dessen Erträgen man in Würde mit einem Mindestmaß an Wohlstand leben kann. Man hetzt die Europäer in einem sinnlosen und unmenschlichen Konkurrenzkampf aufeinander, anstatt zu überlegen, nach welchen Regeln das innere Zusammenwachsen Europas sozialverträglich gestaltet und in eine win-win-Situation überführt werden kann. Verantwortungsvolle Politiker müssten überlegen, wie man das europäische Arbeits- und Sozialrecht auf möglichst hohem Niveau schrittweise und behutsam vereinheitlicht. Nur im Rahmen des Fortschrittes bei dieser Vereinheitlichung dürften auch die Märkte liberalisiert werden. Dies hieße natürlich auch, in vielen Bereichen die derzeit überschießende Liberalisierung vorübergehend zurückzunehmen.

Das globalisierte Finanzkapital ist derzeit die einzig wirksame globalisierte Einflusskraft und ist bereits dabei, Schäden im europäischen Sozialgefüge zu bewirken. Die Kraft dieses globalisierten Finanzkapitals könnte in Bahnen gelenkt werden, wenn darauf verzichtet würde, die Pensionssysteme mehr und mehr in Richtung auf private Versicherungen zu entwickeln, und andererseits gewisse Formen der Firmenübernahme verboten würden (etwa jene Übernahmen, bei denen die aufgekauften Firmen selbst die Kredite für ihren Kauf abzahlen müssen).

Mit einer solchen Konsolidierung im Inneren könnten die Voraussetzungen geschaffen werden, auch die äußere Globalisierung (vor der wir in Wahrheit noch stehen) in einer Weise zu meistern, die in den entwickelten Industrieländern zu keinen gravierenden Schäden führt, und den Entwicklungsländern eine Perspektive gibt. Sie müssten ihre Zukunft allerdings nicht wie China darin sehen, langfristig als billige Werkbank europäische Arbeitskräfte zu konkurrenzieren, sondern im eigenen Land die Märkte zu entwickeln und Wohlstand vor Ort zu schaffen. Eine akkordierte europäische Politik kann eine solche Vorgangsweise auch erzwingen. Es ist nicht einzusehen, warum europäische Arbeitskräfte in Konkurrenz mit extremem Sozial-, Umwelt- und Lohndumping treten sollten. Nicht einmal ein überzeugter Freihändler kann einen Wettbewerb auf solcher Basis für sinnvoll halten oder gar glauben, auf diese Art und Weise den Wohlstand aller Beteiligten gleichermaßen zu heben.

3. Teil: Das große Dilemma

Dem Neoliberalismus entkommen

Auch wenn wir dem Neoliberalismus in der Polemik zu Recht gern religiöse Züge zuschreiben, so fehlt ihm zur Religion die Verneinung des Schicksalhaften. Religionen kennen Auswege. Im Christentum gibt es kein unabänderliches Schicksal, sondern es liegt am Gläubigen, durch ein gottgefälliges Leben sein Schicksal zu beeinflussen. Aber wenn Naturgesetze walten, gerinnt jedes Leben zum Schicksalsschlag – im positiven oder im negativen Sinn. Entwicklungen sind zwangsläufig und unbeeinflussbar (oder weiß jemand, wie man die Gesetze der Schwerkraft aufhebt?). Durch die Behauptung des Neoliberalismus, die Marktregeln seien naturgesetzlich, entsteht eine Dialektik aus überzeichneter Eigenverantwortung bei gleichzeitiger Unausweichlichkeit der Ereignisse. Die Gesamttendenz der Bewegungsrichtung aller Entwicklungen ist durch die Marktregeln naturgesetzlich vorgegeben, die Chancen des Einzelnen liegen dafür ausschließlich in dessen eigener Hand. Ein solches Modell ist natürlich ein Nullsummen-Spiel. Es gibt kein gemeinsames Vorwärts, sondern jedem Gewinner steht ein Verlierer gegenüber.

Der Einzelne ist schicksalshaft an dieses System gekettet – wehrlos, chancenlos. Es ist eine Situation, die den Menschen keinen Weg des Entkommens vorzeigt. Es gibt kein Entrinnen aus dem Neoliberalismus, solange man ihm seine Erzählung glaubt. Erst wenn wir erkennen, dass wir selbst es sind, die hier erzählt werden und aus unserem eigenen Erzähltwerden heraustreten, die Erzählung selbst in die Hände nehmen, indem wir die Erzählung selbst zu gestalten beginnen, erst dann entkommen wir dem Dilemma. Voraussetzung ist, dass wir verstehen, wie dieses System überhaupt tickt.

Der Dagobert Duck-Kapitalismus oder Wie das Werkel funktioniert

Sehen wir einmal davon ab, dass es ziemlich schwierig ist, in Geld zu baden, da Münzen zu hart und Banknoten auch nicht wirklich hautfreundlich sind, so wird dennoch jeder von uns schon einmal von Dagoberts Geldspeicher geträumt haben. Und gestehen wir auch ein: die Sympathien der meisten von uns sind eher bei den ewig erfolglosen Panzerknackern als auf Seiten des Mulimilliarden-Trilliardärs. Denn in gewisser Weise sind wir in der gleichen Lage: Hier der Geldspeicher und der alte Geizkragen, da, auf der anderen Seite, wir, die wir schon wüssten, was man mit Geld machen könnte, außer darin sinnlos zu baden.

Wir kennen die Geschichte mit Onkel Dagoberts erstem selbstverdienten Zehner, dem er in abgöttischer Liebe anhängt, und von dessen Besitz es abhängt, dass er weiterhin der reichste Mann der Welt bleibt. Jedenfalls glaubt Dagobert das. Wir finden hier die reinste und schönste Form des Kapitalismus. Onkel Dagobert, der Kapitalist, ist persönlich völlig bedürfnislos. Sein eigentlich einziges Bedürfnis ist es, reichster Mann der Welt zu sein und in seinem Geld zu baden. Dass sich daraus ein Zusatzbedürfnis ergibt, nämlich die Panzerknacker vom Geldspeicher fernzuhalten, wenn möglich im Gefängnis, ist offensichtlich und ändert nichts an Dagoberts sonstiger Bedürfnislosigkeit. Alle Bedürfnisse der Dagobertschen Welt resultieren aus dem Kapitalbesitz. Er selbst ist ebenfalls nur dessen Werkzeug. Onkel Dagobert will keine Waren kaufen, im Gegenteil, das empfindet er als Verschwendung des schwer erarbeiteten Kapitals. Das Kapital ist für ihn ein Wert an sich. Es existiert um seiner selbst willen. Genau darin besteht das Wesen des modernen Kapitalismus. In der Phase des Übergangs vom Feudalismus zu den ersten kapitalistischen Produktionsformen (ursprüngliche Kapitalakkumulation) ging es noch darum, Produkte herzustellen, die von den Leuten benötigt und gekauft werden. Dazu wurden Maschinen gebraucht, die bezahlt werden mussten. Also musste der Fabrikant zum Kapitalisten werden, der das nötige Kapital organisierte. Ab dem Moment, da das erste Produkt eine kapitalistisch finanzierte Fabrik verließ, hatte das Produkt seine Bedeutung verloren. Es ging nicht mehr darum, Seide zu spinnen und das irgendwie zu organisieren. Es ging nun vor allem darum, dass der Fabriksherr, nunmehr Kapitalist, das eingesetzte Kapital verzinst, also vermehrt, bekam. Dazu bedurfte es zwar der Produktion von Gütern, die auf einem Markt verkauft werden konnten, um dann als vermehrtes Kapital an den Kapitalisten zurückzufließen. Aber der Zweck dieses Wertestroms war es nicht mehr, Wolle oder Seide zu produzieren, eine Nachfrage zu befriedigen, oder wie in der alten Zunftgesellschaft jemandem das Einkommen zu sichern. Der eigentliche Motor des Geschehens war das Verlangen des Kapitals nach Gewinn; der Zwang, das Kapital stets zu vermehren; neue, noch leistungskräftigere Maschinen einzusetzen (und damit das verdiente Kapital erneut ins Verdienen zu bringen). Das Kapital ist gezwungen, immer neue Grenzen niederzureißen, neue Rekorde aufzustellen, sich zu immer höheren Bergen aufzutürmen, da es um seiner selbst willen existiert. Selbst wenn alle Bedürfnisse auf der Welt befriedigt wären, bliebe ein einziges noch immer zu stillendes Bedürfnis über: das Verzinsungsbedürfnis des Kapitals.

Man muss sich Onkel Dagobert als Fetischisten vorstellen. Sein Fetisch ist das Geld in Form angehäuften Kapitals. Der moderne Kapitalismus ist nichts anderes als eine große Fetisch-Party – statt Lack und Leder spielt es Kapital und Zinsen. Alle Beziehungen zwischen den Menschen werden verdinglicht. Es treffen einander nur mehr Käufer oder Verkäufer, Anbieter und Nachfrager. Die Produktion von Gebrauchswerten verschwindet hinter der Notwendigkeit der Kapitalanlage. Selbst wenn das letzte denkbare Bedürfnis gedeckt wäre, müsste das angehäufte Kapital die Produktion aufrecht erhalten, neue Bedürfnisse suchen (oder erfinden), um sich zins-, sprich: gewinnbringend veranlagen zu können. Der Fetischcharakter der Ware besteht genau darin, dass im Kapitalismus die Ware nicht mehr als Gebrauchswert benötigt wird, sondern als Mittel, um am Markt Gewinn zu erzielen. Es ist egal, was produziert wird, Hauptsache am Ende hat sich das Kapital vermehrt. Die Ware selbst ist Fetisch, nicht mehr Produkt mit eigenem Gebrauchswert. (Ideal für das Kapital ist ein Produkt, dessen einziger Gebrauchswert der ist, Fetisch zu sein. Moderne Finanzanlageprodukte wie etwa Optionen sind genau das.) Sie entkleiden sich sogar noch des Charakters als Kapital und sind nur noch Verweise auf dieses. Müssten die Produkte nicht auf einem Markt abgesetzt werden (nur so erfährt das Kapital, ob es sich vermehren konnte), der Kapitalismus könnte auf die Produktion von Gebrauchswerten völlig verzichten. Die große Frage ist nun die, ob es eine Akkumulation von Kapital auf unendlicher Stufenleiter gibt.

Ewiges Wachstum?

Dass es Grenzen des äußeren Wachstums gibt, erscheint logisch. Die Welt ist endlich, die Ölvorräte sind ebenso berechnet wie die Kohlenbestände. Aber wie ist es mit einem abstrakten Gebilde wie Kapital? Gibt es eine innere Grenze, die das Kapital daran hindern kann, weiter zu wachsen?

Zuerst müssen wir uns in vorkapitalistische Zeiten zurückdenken. Produziert wurde zumeist für den Eigenbedarf eines relativ eng umgrenzten Gebiets. Es gab zwar Arbeitsteilung, aber innerhalb bestimmter Gebiete herrschte Autarkie. Als die ersten modernen Menschen aus der Vorzeit heraustraten, wurden sie von Jägern und Sammlern zu Ackerbauern. In Gegenden wie dem Nildelta wurde es durch die hohe Fruchtbarkeit des Bodens möglich, Menschen von der »normalen« Arbeit zu befreien und sie trotzdem zu ernähren. Nur so konnte sich der Priesterstaat der Ägypter entwickeln. Der einzelne Mensch war auf einmal in der Lage, mehr zu produzieren, als er für die eigene Lebenserhaltung benötigte. Damit war die Grundlage für die Entwicklung moderner Zivilisationen gelegt. Jede Produktion diente der Erhaltung des Lebens, es gab keine Produktion um ihrer selbst willen mit Ausnahme des Dienstes an den Göttern. Doch auch dies diente eigentlich der Zukunftssicherung im Jenseits.

Wachstum in der Produktion bedeutete damals, dass entweder mehr Menschen insgesamt ernährt werden konnten, oder dass sich mehr Menschen aus der direkten Produktion zurückziehen und andere zivilisatorische Aufgaben übernehmen konnten. Aber immer war eines klar: die Produktion orientierte sich an den Bedürfnissen der Menschen. Man produzierte, was gebraucht wurde: Fleisch, Getreide, Stoffe. Die jeweiligen Gewinne des Einzelnen, die dadurch entstanden, dass er Fleisch gegen Getreide tauschte, waren nicht messbar, nicht bezifferbar. Solange er und seine Familie ihr Auskommen hatten, war alles in Ordnung. Reichte es nicht, musste man versuchen, mehr herzustellen, besser einzutauschen oder im Notfall eben hungern, wenn der Mangel an Gütern etwa die Folge von Fehlernten war.

Fragen des Wachstums stellten sich ganz anders als heute. In erster Linie ging es darum, die Produktion so zu sichern, dass der Bevölkerungszuwachs ernährt werden und eventuelle Fehlernten überlebt werden konnten. Die Geschichte der Menschheitskatastrophen zeigt, dass dies schon im Altertum nur sehr selten gelungen ist.

Die Explosion der Produktivität, die plötzlich mit ganz anderen Wachstumsraten aufzuwarten hatte, erfolgte erst mit der ersten technisch-industriellen Revolution und dem Sieg des Kapitalismus über den Feudalismus. Es entstanden merkwürdige Zyklen, in denen sich Produktion, Überproduktion und Unterproduktion in oft überraschender Folge abwechselten. Kapital strömte dort hin, wo jeweils die höchsten Gewinnerwartungen waren, die Produktion stieg sprunghaft an, die Gewinne ebenfalls, dann wurde Marktsättigung erreicht, die Preise verfielen, die Fabriken wurden geschlossen, die Menschen waren arbeitslos. Es ist jener Schweinezyklus, der bis heute die kapitalistische Wirtschaft ebenso regelmäßig beutelt wie ihr metaphysisches Abbild, die Finanzmärkte.

Schon die Klassiker der Volkswirtschaftslehre, durchwegs gestandene Kapitalisten, sahen dieses Treiben mit großer Besorgnis. Den zynischsten Zugang dazu hatte Thomas Robert Malthus (1766–1834). Für ihn lag es in der Natur des Menschen, dass seine Handlungen regelmäßig durch Seuchen, Krieg und Naturkatastrophen korrigiert werden mussten, die Verhältnisse wieder für kurze Zeit in ein gewisses Gleichgewicht gebracht wurden, bevor der Mensch wieder für Ungleichgewicht sorgte, und es wieder mit Krieg und Seuchen losging. Malthus war überzeugt, dass Überproduktion und Absatzstockung im Kapitalismus unvermeidlich sind, da es keine Sicherheit gebe, dass die Verbraucher immer über ausreichend Geld verfügten, um auch nur die »partielle Überproduktion« aufzukaufen. Schon Malthus dämmerte offenbar, dass das anlagesuchende Kapital auf Grenzen stoßen könnte, einfach nicht genügend Anlagemöglichkeiten finden könnte, um sich zu verzinsen, und dann notfalls in hasardierender Weise irgendeine Produktion aufzog, in der Hoffnung, diese möge sich doch noch als gewinnbringend erweisen. Er schlug daher vor, über staatliche Intervention den Kapitalisten einfach Einkommen zu entziehen, damit würden sie aufhören, Überschüsse zu produzieren. (Der sonst so menschenverachtende Malthus hatte auch eine Idee, die erst viel später bei Keynes wieder auftauchen sollte: Man möge doch die Armen beim Straßenbau einsetzen oder bei anderen öffentlichen Arbeiten. Dann hätten sie mehr Geld zur Verfügung, das sie für den Konsum ausgeben könnten.)

Insgesamt kann man sagen, dass Malthus eine unbarmherzige Sicht sowohl auf die Menschen als auch auf den Kapitalismus hatte. Ihm fehlte der Optimismus von Adam Smith (1723–1790), und er war in keiner Weise davon überzeugt, dass der Kapitalismus den Reichtum aller erhöhen würde. Allerdings war es mit dem Optimismus bei Smith auch nicht weit her. Er hatte eine extrem mechanistische Sicht der Wirtschaftsgesetze, stark orientiert an den physikalischen Prinzipien von Newton. Das hinderte ihn nicht, einige Gesetzmäßigkeiten des neu entstehenden Kapitalismus zu entdecken. Ihm war klar, dass die Anwendung der Marktgesetze auf die Arbeitskraft fatale Folgen haben konnte. Waren genügend Arbeitskräfte vorhanden, konnten die Löhne in Richtung Existenzminimum gesenkt werden, man konnte geradezu von einer natürlichen Tendenz in diese Richtung sprechen. Wir können das heute, da einige hundert Millionen Arbeitskräfte neu auf dem Markt sind, wieder beobachten. Dazu kommt, dass bedingt durch die hohe Zahl an Arbeitssuchenden etwa in China, es dort nicht einmal nötig ist, den Arbeitern soviel Lohn als Existenzminimum zuzugestehen, dass sie Familien gründen und Kinder aufziehen können. Langfristig kann sich das als fatal erweisen, insbesondere in der Ein-Kind-Familie Chinas, weil die Arbeitskräfte fehlen könnten, um Hunderte Millionen alte Chinesen in einer überalterten Gesellschaft zu betreuen. (In Westeuropa mit seiner wesentlich höheren Produktivität stellt sich das Problem deutlich anders dar. Die chinesische Alterspyramide ist außerdem schlechter als die Westeuropas, was derzeit noch durch die große Zahl der chinesischen Bevölkerung überdeckt wird.)

Zu erwähnen wäre auch noch David Ricardo (1772–1823), wenn wir von den Pessimisten unter den klassischen

Theoretikern des Kapitalismus sprechen. Er war der eloquenteste unter den drei hier Beschriebenen, ist der eigentliche Begründer der damals neuen Volkswirtschaftslehre und derjenige, der in seinem abstrakten Denken von allen Klassikern am konsequentesten war. Er war überzeugt, dass die Thesen von Malthus (mit dem er gut befreundet war) über die Bevölkerung richtig sind. Darauf aufbauend entwickelte er sein »ehernes Lohngesetz«. Dessen These lautet, dass es aufgrund der Entwicklung der Bevölkerungszahl sinnlos sei, die Lage der Arbeiter zu verbessern. Jeder solche Versuch sei zum Scheitern verurteilt. Darum müsse der Lohn auf lange Sicht immer dem Existenzminimum entsprechen. Der Idee, die Gesellschaft sei ein großes Ganzes, eine Art Familie, in der jeder seinen Platz habe, in der es irgendeine übergeordnete Gemeinsamkeit gebe, einer solchen Vorstellung erteilte er eine entschiedene Absage. Vielmehr herrsche ein brutaler Klassenkampf zwischen den alten und etablierten Grundbesitzern und den neu in die Geschichte eingetretenen Kapitalisten um die Vorherrschaft. Die Arbeiterklasse kam dabei wehrlos unter die Räder. Man ahnt, wo Marx sein Konzept des Klassenkampfs entliehen hat.

Wir wollen hier jedoch auf einen meist übersehenen Nebenaspekt des Werks von Ricardo hinweisen: den von ihm erstmals festgestellten »tendenziellen Fall der Profitrate«. Das bedeutet nichts anderes, als dass selbst bei steigenden Profiten die Rentabilität des eingesetzten Kapitals sinkt – und wie Ricardo besorgt feststellte in dem Maße, in dem der Kapitalismus sich weiterentwickelte, also sich immer höher kapitalisierte.

Man kann das an einem bewusst einfach gehaltenen Beispiel recht gut erklären. Wenn man einen Arbeiter zur Verfügung hat, das eingesetzte Kapital 100 Euro und der Gewinn 10 Prozent beträgt, ergibt das einen Gewinn von 10 Euro, das Kapital wächst auf 110 Euro an. Der Arbeiter hat also 10 Euro Gewinn produziert. In der nächsten Produktionsrunde muss bereits ein Kapital von 110 Euro verzinst werden, der Arbeiter also 11 Euro erwirtschaften. Es ist leicht auszurechnen, wann der Arbeiter an seine Kapazitätsgrenze kommt, und nicht mehr in der Lage ist, die nötigen Zinsen zu erwirtschaften. In absoluten Zahlen kann der Gewinn noch immer steigen, aber der Zinssatz (also die Profitrate) wird fallen. Dies ist ein Hinweis darauf, dass es offenbar in einer gegebenen Gesellschaft (also mit einem bestimmten Angebot an Arbeitskräften, mit einer bestimmten Nachfrage, einer bestimmten Geldmenge etc.) nicht möglich ist, bei ständig steigender Kapitalisierung (also dauernd höher werdendem Kapital) die Gewinne ebenso steigen zu lassen. So wie in der Natur das Wachstum durch die vorhandenen Ressourcen beschränkt ist, so scheint im virtuellen Raum des Kapitals das Wachstum durch die gegebenen Anlagemöglichkeiten begrenzt zu sein. Anders gesagt: Selbst wenn man immer neue Produkte erfinden würde, ist es nicht möglich, ein progressiv wachsendes Kapital so zu veranlagen, dass Kapital und Gewinne unbeschränkt in alle Zukunft hinein wachsen können. Also muss zwingend von Zeit zu Zeit Kapital vernichtet werden, damit der Veranlagungskreislauf wieder in Gang kommen kann (die Alternative wäre, das Kapital nicht oder negativ zu verzinsen). In jedem Fall scheint sich die Sorge der Klassiker der Volkswirtschaftstheorie zu bewahrheiten, denn der Kapitalismus hat ihm selbst innewohnende Kräfte, die stets zur Selbstzerstörung von Kapital drängen. Die Verwertungskrise als Gesundheitspolizei des Kapitalismus. Das müsste uns nicht weiter stören, wenn die Verwertungskrise in einem von den Menschen abgeschiedenen Raum stattfinden würde. So ist es aber nicht. Denn praktisch sichtbar wird diese Verwertungskrise in Firmenpleiten, Arbeitslosigkeit, sinkenden Löhnen – in dem also, was wir Wirtschaftskrise nennen.

Es ist ein Punkt denkbar, an dem es nicht mehr sinnvoll möglich ist, im Rahmen des kapitalistischen Systems Kapital zu investieren, da jede Investition mittelbar zur Vernichtung von Kapital führt (etwa infolge platzender Finanzblasen). Und es gibt Anzeichen, dass die westlichen Industrienationen diesen Punkt erreicht haben. Damit wäre dieses System an einem Punkt angelangt, an dem alle bisherigen Rezepte versagen.

Ob es so ist, weiß niemand, aber es lohnt, sich dieser Problematik zu stellen. In den letzten 200 Jahren konnte der Kapitalismus die Barriere immer wieder überspringen – so gut wie immer unter großen Nöten und Krämpfen, oft bezahlt mit Millionen von Toten (wie in den Weltkriegen). Die Tatsache, dass die Politik es seit 1975 nicht mehr schafft, die Sockelarbeitslosigkeit zu senken, sondern ganz im Gegenteil, diese sich in einer anhaltenden Aufwärtsbewegung befindet, ist ein massives Indiz dafür, dass der Kapitalismus erneut an einer Verwertungskrise leidet. Und es wäre an der Zeit, diese Verwertungskrisen auf eine Art zu bewältigen, die nicht Dutzende Millionen Menschen in Armut und Not stürzt.

Mehr noch: Es wird notwendig sein, das kapitalistische System darauf vorzubereiten, auch dann noch zu funktionieren, wenn aufgrund begrenzter Ressourcen der Traum vom ewigen Wachstum endgültig ausgeträumt ist. Es scheint, als ob sowohl die inneren als auch die äußeren Wachstumsgrenzen in Sichtweite kommen.

Sanfter Protektionismus statt Freihandel

Der Austausch von Waren über die nationalen Grenzen hinweg, unbehindert von Zoll- oder Devisenvorschriften, soll angeblich unser aller Wohlstand vermehren. Die These findet sich erstmals bei Adam Smith und dann erweitert um die Theorie der komparativen Kostenvorteile bei Ricardo. Seit 200 Jahren tobt der Kampf um die Frage, ob diese Theorie denn richtig sei oder nicht.

Bei Adam Smith ist die Sache noch ziemlich eindeutig. Schon der Titel seines Buches »The Wellfare of Nations« spricht von Nationen. Sein Blick ist immer der aufs Ganze. Erst dann ist seine Theorie zu verstehen, dass aus der Summe aller egoistischen Handlungen ein Wohlstandsgewinn für die Nation resultiert. Wenn nur ein einziger Apotheker durch die Erfindung eines Wundermittels steinreich wird, während der Rest des Landes in Armut verharrt, ist die Nation reicher geworden. Anders rum: Würde Bill Gates seine Sparguthaben und Aktien in einen (wahrscheinlich etwas größeren) Koffer geben und nach Bangladesch auswandern, dann wäre dieses Land mit einem Schlag als Nation reicher geworden. An der Armut im Land hätte sich nichts geändert. In Zahlen: Das Köfferchen von Gates beinhaltet rund 50 Milliarden Dollar, die Sicht- und Spareinlagen in ganz Bangladesch betragen 10 Milliarden Dollar. Der rechnerische Reichtum des Landes hätte sich versechsfacht (von 66 Dollar Bankguthaben pro Kopf auf rund 400 Dollar). Der einzelne

Landesbewohner wäre mit Ausnahme von Bill Gates so arm wie immer. Einige Lakaien auf den Latifundien von Gates könnten es sich individuell verbessern, deren Wohlstandszuwachs wäre aber aufgrund der enormen Lohndifferenz geringer als der Wohlstandsverlust der Dienstboten, die ihn in den USA umsorgten.

Ein ziemlich ernüchterndes Ergebnis übrigens. Immerhin wird hier der reichste Mann der Welt abgeräumt. Die Idee, den Reichen zu nehmen, um so die Armut zu beseitigen, wird anhand einer solch einfachen Rechnung leicht als romantische Naivität erkennbar. Trotz des himmelschreienden Unrechts einer so ungleichen Verteilung des Reichtums zwischen Einzelnen und ganzen Völkern, würde die Enteignung der Superreichen an der Armut so gut wie nichts ändern. Den großen Massen der Armen kann letztlich nur geholfen werden, wenn Mittel von der großen Masse eines breiten Mittelstandes zur Umverteilung gelangen. Gerade darum ist die neoliberale Politik, die den Mittelstand verarmen lässt, so besonders schädlich. Fällt der Mittelstand, dann reißt er die Armen mit sich. Steigt er dagegen auf, nimmt er sie ebenfalls ein Stück des Weges mit nach oben. Man muss Herrn Gates wegen dieses Sachverhalts natürlich nicht gleich steuerlich ungeschoren davonkommen lassen, man sollte nur um die begrenzte Wirkung wissen.

Adam Smith zählt auch die Anzahl der ernährbaren Kinder zum Reichtum eines Landes. Dass er die heutige Debatte über den demografischen Faktor ahnte, ist unwahrscheinlich, denn laut Malthus drohte Überbevölkerung (was global so unrichtig nicht ist). Bei Smith ist eine große Kinderzahl

Garant dafür, dass das entstehende Empire genug Kolonialbeamte und Soldaten aufbringen kann, um seine Weltmachtstellung auszubauen und zu festigen.

Ricardo ging den entscheidenden Schritt weiter. Seine Theorie der komparativen Kostenvorteile behauptet, dass Freihandel so gut wie immer von Vorteil für beide Seiten sei. Ohne auf detaillierte Zahlenbeispiele einzugehen, besagt die Theorie im Grunde, dass selbst dann, wenn in einem Land alle Güter teurer hergestellt werden als in einem anderen, sich immer noch ein Produkt findet, dessen Herstellung auch im Land mit den insgesamt höheren Kosten lohnend ist. Durch den Verzicht auf die Produktion von Bier kann vielleicht die Produktion von Seide so gesteigert werden, dass es für ein anderes Land sinnvoll wird, auf die Produktion von Seide zu verzichten. Dabei geht Ricardo von ein paar Annahmen aus, die schon vor 200 Jahren unrealistisch waren.

Erstens setzt er voraus, dass die Märkte sich im Gleichgewicht befinden (also Angebot und Nachfrage gleich sind, die Produktion wird daher zur Gänze verkauft). Der komparative Kostenvorteil kann nur realisiert werden, wenn die Produktion der verglichenen Güter insgesamt steigt. Können sie dann aber nicht abgesetzt werden, weil nicht genug Nachfrage da ist, war das ganze Spiel für die Katz.

Zweitens setzt dieses Modell voraus, dass die Arbeiter der jeweiligen Branchen problemlos in einer anderen Branche eingesetzt werden können. Und drittens wird angenommen, dass es zwar einen freien Handel aber keinen freien Kapitalexport gibt. In einer globalisierten Welt laufen die Dinge aber anders. Denn natürlich wird das Kapital sofort in jenes Land abfließen, in dem alle Güter billiger produziert werden können (wenn die anderen Annahmen von Ricardo zutreffen). Es hätte überhaupt keinen Sinn, in einem Land zu produzieren, das alles nur teurer herstellen kann. Das Kapital würde sofort in Billigländer (nicht unbedingt ident mit Billiglohnländern, da »billig« auch eine Kategorie der Produktivität ist, sonst gäbe es in den westlichen Industriestaaten heute gar keine Produktion mehr) abfließen.

Es gibt eine Reihe weiterer gewichtiger Einwände gegen die Freihandelstheorie und ihre wohlstandsfördernde Wirkung. So hat der Nobelpreisträger für Wirtschaftswissenschaften Joseph Stiglitz nachgewiesen, dass der Ansatz von Ricardo nur funktioniert, wenn auf den Märkten voller Gleichstand und gleicher Durchdringungsgrad an Information herrschen würde. Da dies jedoch nie der Fall ist, ist auch die extreme Form des Freihandels zum Scheitern verurteilt.

Gleichzeitig entstehen große Wettbewerbsverzerrungen durch die falsche Auspreisung der Transportkosten (es fehlen die enormen Kosten der Umweltschäden durch den Verbrauch fossiler Energien). Auch war für Ricardo der enorme Anstieg der Kostendifferenz nicht vorhersehbar, durch die ganze Nationen komparative Kostenvorteile nicht mehr realisieren können, ohne die Löhne der eigenen Bevölkerung in Richtung Existenzminimum zu drücken. Diese Frage konnte Ricardo gar nicht stellen, da in seiner Theorie vom ehernen Lohngesetz alle Löhne immer um das Existenzminimum kreisen. Der komparative Kostenvorteil entsteht bei ihm aus der unterschiedlichen Produktivität der Arbeiter und nicht aus unterschiedlichen Löhnen. Die Idee, dass es einen

Kapitalismus geben könnte, der zumindest in den entwickelten Industrieländern auch den Lohnabhängigen zu beachtlichem Wohlstand verhelfen könnte, war ihm mindestens genauso fremd wie später Karl Marx (der allerdings vehement gegen das eherne Lohngesetz polemisierte).

Nun ist genau der Fall eingetreten, dass der falsch angewandte Freihandel zu sinkenden Löhnen führt. Der gemeinsame Arbeitsmarkt in der EU ist seit der Osterweiterung unter enormen inneren Lohndruck gekommen. Die entwickelten westeuropäischen Länder mit ebenso entwickelten Lohnstrukturen müssen in Konkurrenz zu Ländern treten, die weder Sozialsysteme aufgebaut haben, noch über ein annähernd westeuropäisches Arbeitsrecht verfügen. In der Summe dieser Unterschiede entsteht innerhalb der Freihandelszone der EU ein extremer Druck auf die Löhne, und zwar nach unten in Richtung Existenzminimum, da die Erweiterungsländer sich in ihrem Lohngefüge nur wenig oberhalb des Existenzminimums befinden. In diesem Fall wird der komparative Kostenvorteil doppelt ausgehebelt. Einerseits durch die freie Abwanderung des Kapitals, andererseits dadurch, dass dank des extremen Lohnunterschieds prinzipiell jede Produktion in den Erweiterungsländern billiger ist. Dies kann nur durch massive Lohnsenkungen in den alten EU-Ländern kompensiert werden.

Wir werden derzeit Zeugen dieses Vorgangs. Denn auch Lohnkürzungen können auf unterschiedliche Art realisiert werden. Individuell, was schwieriger ist, da hier die Kollektivverträge (noch) Grenzen nach unten setzen. Einfacher ist es, kollektive Sicherheitssysteme (also Einrichtungen des

Wohlfahrtsstaates) einzuschränken. Durch höhere Hürden, niedrigere Zahlungen für Arbeitslose und weniger Sozialhilfe wird das Gesamteinkommen der Lohnabhängigen in Richtung Existenzminimum bewegt. In Deutschland erfolgt dies mittels Hartz IV, in Österreich entgegen allen Beteuerungen der neuen Regierung mittels der »bedarfsorientierten Grundsicherung«. Mit der gleichzeitigen Aushöhlung der Arbeitszeitgesetze (der 10-Stunden-Tag wird per Gesetz wieder zur Regelarbeitszeit, 12-Stunden-Schichten werden erlaubt) soll das Dogma des Freihandels in der EU gerettet werden. Die neue, sozialdemokratisch geführte Regierung in Österreich spielt bei der Umsetzung der so genannten Arbeitszeitrichtlinie der EU wie immer willig mit.

Die Sozialdemokratie sollte sich erinnern: 1889 wurde der 1. Mai zum internationalen Kampftag für den Acht-Stunden-Tag erklärt, 1870 hatte die Arbeiterschaft den Zehn-Stunden-Tag durchgesetzt. Ist unsere Gesellschaft tatsächlich ärmer und weniger produktiv als jene des Jahres 1870? Man darf gespannt sein, für welche Ziele die Sozialdemokratie in den nächsten Jahren am 1. Mai auf die Straße gehen wird.

Nach inzwischen 20 Jahren Arbeitszeit-Flexibilisierung (was immer eine Verlängerung der Arbeitszeit bedeutete) kann man feststellen, dass kein einziges Versprechen der Deregulierer eingetreten ist. Aber gemäß dem neoliberalen Motto »Mehr Gift!« flexibilisieren wir munter weiter.

Schon historisch lässt sich nachweisen, dass die Entwicklung der Industriegesellschaften dann für die breiten Massen von Vorteil war, wenn starke protektionistische Züge die Wirtschaft prägten. Auch eine genaue Untersuchung des

Börsenkrachs von 1929 zeigt, dass nicht der Protektionismus zur Weltwirtschaftskrise geführt hat, sondern umgekehrt, der Protektionismus eingesetzt wurde, um die Folgen des Börsenkrachs zu bewältigen und noch schlimmere Folgen zu verhindern. (Auf den ersten Blick könnte man die Weltwirtschaftskrise auf die drastischen Zollerhöhungen der USA im Juni 1930 zurückführen. Doch selbst die amerikanischen Nettoexporte verringerten sich durch diese protektionistische Maßnahme bis 1933 nur von 842 auf 225 Millionen Dollar. Gemessen am Rückgang der inländischen Konsumnachfrage von 10 Proznet des Bruttoinlandsprodukts in den USA nach dem Börsenkrach war das aber eine vernachlässigbare Größe.)

Schon seit Beginn des 19. Jahrhundert hatten die Industriestaaten den Freihandel immer nur anderen Ländern aufgezwungen, sich selbst aber protektionistisch verhalten. Der Aufstieg der USA zur Weltmacht wäre ohne protektionistisches Konzept undenkbar gewesen. Bis weit in die 1990er Jahre diente die Freihandels-Theorie amerikanischen Kapitalinteressen. Nur die EU war so dumm, innerhalb der eigenen Grenzen ein Freihandelssystem zu erzwingen, das den eigenen Wohlstand beschädigt und verhindert, dass der wirtschaftliche und technologische Rückstand gegenüber den USA aufgeholt wird. In der Landwirtschaft ist die EU wesentlich zynischer. Gegenüber Afrika setzt sie die Freihandelsregeln einzig zur Durchsetzung der Interessen der europäischen Agrarindustrie ein.

Der Freihandel mit China ist ohnedies eine einseitige Angelegenheit. China schottet den eigenen Markt ab und agiert gleichzeitig als verlängerte Werkbank der westlichen Konzerne. Längst wäre es nötig, statt des ewig gleichen Gemurmels von der reichmachenden Wirkung des Freihandels etwas gegen seine schädlichen Wirkungen zu unternehmen. Letztlich läuft das auf ein spezielles System von gut ausgewogenen Handelsbarrieren hinaus, die nicht das Ziel haben, China vom heimischen Markt fernzuhalten, sondern für gleiche Wettbewerbsbedingungen zu sorgen. Und zwar auf einem Niveau, das sich am Entwicklungsstand der westlichen Industrieländer orientiert und nicht an einer spätstalinistischen Diktatur, die mit Hilfe der Entfesselung der Marktkräfte bei gleichzeitig strenger Kontrolle der Gesamtwirtschaft versucht, eine Art ursprünglicher kapitalistischer Akkumulation zuwege zu bringen. Mit den Methoden des Frühkapitalismus wird versucht, mit Hilfe eines brutalen Sozial-, Lohn- und Umweltdumpings die chinesische Wirtschaft auf Vordermann zu bringen. Dies geschieht aber auf Kosten von Arbeitsplätzen in den alten Industrieländern und unter extremer Ausbeutung der chinesischen Bevölkerung und der natürlichen Ressourcen. Das könnte unterbunden werden, ohne China daran zu hindern, sein eigenes System in Richtung mehr Wohlstand für alle zu entwickeln.

Wie angedeutet bräuchte es dazu einen »Sanften Protektionismus«, ein System, das die Handelsbarrieren genau so ansetzt, dass China seinen Wettbewerbsvorteil aus den extremen und umfassenden Methoden des Dumpings nicht ausspielen kann. Zölle müssten dafür sorgen, dass die Umweltkosten, die ausbeuterischen Arbeitsbedingungen und Löhne sowie die viel zu niedrigen Transportkosten kompensiert würden.

Damit wäre es möglich, bestimmte Produktionen in Europa oder den USA aufrecht zu erhalten, die heute durch das extreme Dumping weggefegt werden. In dem Maße, in dem China das Dumping zurückfährt, könnte im Gegenzug eine Reduzierung der Zölle erfolgen. Eine solche Vorgangsweise wäre für beide Seiten von Vorteil, denn die Arbeitsplätze der westlichen Industriestaaten könnten sich in einem fairen Wettbewerb behaupten und blieben in großer Zahl erhalten. China seinerseits wäre gezwungen, die eigenen Märkte zu entwickeln und vor Ort den Absatz der Produkte zu erhöhen, da die Flucht in den Export nicht zur Verfügung stünde. Dies würde den Wohlstand im eigenen Land stärker mehren als der Wildwuchs des Freihandels. Gleichzeitig würde damit erzwungen, dass China sowohl die ökologischen als auch sozialen Bedingungen, unter denen es produziert, stärker beachten und deutlich verbessern müsste. China ist ein riesiger Markt, und hätte selbst beim Verlust sämtlicher Exportmärkte mehr als genug Möglichkeiten, im eigenen Land Märkte zu erschließen und zu entwickeln. Allerdings wäre es dann nicht mehr möglich, die eigene Arbeiterschaft knapp am Existenzminimum zu bezahlen, das ganze Land mit Industrieabfällen zu vergiften und die Lebenschancen künftiger Generationen zu gefährden. Man gehe den Freihandelstheoretikern nicht auf den Leim, das alles geschehe zum Besten der Menschen. Um Menschen geht es hier schon lange nicht mehr. Der Freihandel ist nicht nötig, um die Lage der Menschen zu verbessern, sondern weil das Finanzkapital Anlagemöglichkeiten sucht, die es in den westlichen Industrieländern aufgrund des dortigen hohen Entwicklungsstandes der Produktion nicht mehr vorfindet. Da ist ein Land wie China mit 1,3 Milliarden potenziellen Konsumenten fast so etwas wie das Gelobte Land in der Bibel. Dass am Weg zu höheren Gewinnen und neuen Veranlagungsmöglichkeiten nicht nur der Wohlstand in den entwickelten Ländern zerstört, sondern in einem Aufwaschen die Zukunft der noch zu entwickelnden Staaten gefährdet wird, ist der eigentliche Skandal und gleichzeitig das zu lösende Problem.

Wenn die Politik nicht den Mut aufbringt, hier völlig neue Wege beim internationalen Waren- und Kapitalverkehr zu gehen, ist die Katastrophe vorhersehbar. Denn der hier in Ansätzen beschriebene »Sanfte Protektionismus« unterscheidet sich von dem klassischer Prägung deutlich: Er ist kein Modell zur Durchsetzung nationaler Interessen, sondern der Versuch, einen internationalen Entwicklungsprozess in Gang zu setzen, der am Ende tatsächlich nur Gewinner kennt. Behutsam und mit Augenmaß werden jene Schritte gesetzt, die auf den einzelnen Stufen der Entwicklung nötig sind, um einerseits ein friktionsfreies Funktionieren des internationalen Handels zu ermöglichen, und andererseits zu verhindern, dass in den entwickelten Ländern bereits erreichte Fortschritte gefährdet und das Wohlstandsniveau um Dutzende Jahre zurück geworfen wird.

Dazu wird es auch gehören, die internationalen Devisenströme ebenso strengen Vorschriften und Kontrollen zu unterziehen wie die Migrationsströme. Denn nirgendwo werden wir von den Regierungen mehr beschwindelt als bei der »Fremden«politik. Es wird so getan, als kämpfe man verzweifelt gegen jeden einzelnen Ausländer, sei er nun Wirtschaftsflüchtling oder Asylant, da die heimische Wirtschaft Ausländer nur beschränkt aufnehmen und beschäftigen kann (was unbestreitbar richtig ist). Denselben Effekt jedoch hat es, wenn man das Kapital frei über die Welt wandern und überall Anlage suchen lässt. Statt dass das Kapital die Arbeitskraft zu sich holt, geht das Kapital zur Arbeitskraft. Der Effekt ist derselbe (und wir alle spüren es täglich): Unser Wohlstandsniveau sinkt, tendiert in Richtung der wenig entwickelten Länder, ohne dort zu massenhaften Wohlstandsgewinnen zu führen. Wir können also genau jene Entwicklung beobachten, die sich auch dann einstellen würde, wenn wir planlos und unbeschränkt Arbeitskräfte aus aller Welt nach Europa kommen ließen. Allerdings wäre bei ungeregelter Zuwanderung der Zusammenhang zwischen sinkendem Wohlstand und steigender Migration zu offensichtlich, eine Revolte der Bürger aller politischen Richtungen unausweichlich. Heute findet die Wohlstandsminderung hinter dem Schleier des Freihandels und des freien Kapitalverkehrs statt, ist somit für den einzelnen Bürger in ihren Ursachen nicht so deutlich erkennbar. Die Revolte bleibt aus, wenn man von jenen 15 Prozent der Bevölkerung absieht, die den fremdenfeindlichen Bodensatz der westlichen Industrienationen bilden.

Eine ähnliche Politik des »Sanften Protektionismus« hätte die innereuropäische Wirtschaftsentwicklung nach dem Zusammenbruch des Ostblocks benötigt. Ein vorsichtiges aneinander Heranführen der Wirtschaftssysteme wäre das Mittel der Wahl gewesen, nicht die rabiaten Gesetze eines freien und unkontrollierten Marktes. Versponnen in ihre neoliberalen Illusionen haben die europäischen Politiker leider genau den falschen Weg beschritten, und nun führt anscheinend kein Weg zurück. Stattdessen versuchen einige europäische Regierungen, den blockierten Verfassungsvertragsentwurf mit ein paar kosmetischen Änderungen erneut ins Gespräch zu bringen. Davor kann man nur warnen. Dieser Verfassungsvertrag zurrt alle Fehlentwicklungen der EU auf weitere Jahrzehnte fest. Der Zugewinn an demokratischen Möglichkeiten für die Bevölkerung ist vergleichsweise bescheiden. Vielmehr ist es auf längere Sicht unvermeidbar, alle bestehenden Vorschriften und Vereinbarungen einer kritischen Würdigung zu unterziehen und beispielsweise genau festzustellen, wo eine der vier Grundfreiheiten der EU in einem Zielkonflikt zu den Interessen der hier lebenden Menschen steht. Die Freiheit des Warenverkehrs etwa bewegt sich in krassem Gegensatz zu ökologischen Erfordernissen, wenn nicht entsprechende Einschränkungen und Begrenzungen (etwa Kostenwahrheit) als ergänzende Elemente hinzukommen.

Wenn es den europäischen Politikern nicht bald gelingt, einen Ausweg zu finden, der wirklich Wohlstand schafft, die Demontage der »alten« Wohlfahrtsstaaten beendet, den »neuen« Ländern eine prosperierende Mittelschicht beschert und die EU insgesamt demokratisiert, dann wird das Experiment Europa am Widerstand seiner Bürger scheitern – und das zu Recht.

Lösung gefällig?

Nein, ich kann keine Lösungsvorschläge für die Zukunft anbieten. Selbst wenn ich welche hätte, die zukünftigen Menschen würden sich nicht darum kümmern und ihre eigene Welt bauen. Hoffentlich eine bessere als unsere heutige. Nichts ist aus heutiger Sicht blamabler als die Zukunftsvisionen von 1950. Schon Karl Marx wusste, warum er der Kritik des Kapitalismus gleich drei Bände des »Kapitals« gewidmet hat. Zum Skizzieren dessen, was er sich als Alternative vorstellte, kommt er in seinem Gesamtwerk mit ein paar Seiten aus – kein Wunder, dass bis heute niemand weiß, was man sich unter Sozialismus eigentlich wirklich vorstellen soll.

Die Zukunft denkt nicht daran, sich an unsere Bauanleitungen zu halten. Vielleicht sind die Bauanleitungen sogar von Übel. Siehe EU, wo alles am grünen Tisch entworfen worden ist, und jetzt, 50 Jahre später ist das alles sakrosankt und unveränderbar. Natürlich wäre es gut, schon heute zu wissen, was zu tun ist, um den in diesem Buch skizzierten Gefahren zu entgehen. Doch so weit sind wir noch nicht. Denn vorher müssen Denkgrundlagen wie das Konzept der »machbaren Utopie« erarbeitet werden. Viele Hinweise auf Handlungsmöglichkeiten ergeben sich fast automatisch aus der Kritik des Bestehenden. Einige Punkte wurden in den letzten Kapiteln deutlich angesprochen: statt uferlosem Freihandel ein System des »Sanften Protektionismus«, grundsätzliche Neuausrichtung der EU durch Überdenken und Korrektur aller bestehenden Verträge.

Was weltweit völlig fehlt, sind Forschungsstellen, die sich mit der Frage beschäftigen, ob und wie wachstumsloser Wohlstand möglich ist. Wir wissen nicht, ob eine Marktwirtschaft möglich ist, in der es kein Wachstum gibt, keine Zinsdynamik und keinen Kapitalismus. Wir wissen nicht einmal, ob es denkbar wäre, eine nichtkapitalistische Marktwirtschaft zu haben, und wie eine solche aussehen müsste. Märkte gab es schon vor dem Kapitalismus, es spricht also einiges für eine solche Möglichkeit. All dies sind Fragestellungen, die erst langsam erkannt werden. Bevor wir nicht einen brauchbaren Katalog an Fragen erarbeitet haben, brauchen wir über Lösungsvorschläge gar nicht nachzudenken.

Es fehlt an vielen Grundlagen, weil sich die moderne Volkswirtschaftslehre mit mathematischen Modellen verzettelt hat. Wo ist eine Reichtumsforschung? Es fehlt an grundlegenden Arbeiten für die echte Grundsicherung (also nicht jene kastrierte Grundsicherung, die von der SPÖ »bedarfsorientiert« genannt wird). Wie ist die Güterverteilung in einer Welt zu organisieren, die zwar ausreichend Wohlstand für alle Menschen produzieren kann, aber dies mit sehr wenig Erwerbsarbeit schafft? Wenn irgendwann einmal neun Milliarden Menschen halbwegs in Wohlstand leben, wird beispielsweise Reisen aufgrund ökologischer Probleme zwangsläufig zu einem knappen Gut. Werden wir dann Reisen rationieren?

So viele Fragen, so wenige Antworten. Wagen wir auf den letzten Seiten dieses Buches trotzdem einige vorsichtige Antworten, die eigentlich eher Hinweise sind.

Gibt es ein anderes Wirtschaftsmodell?

Ich bin überzeugt, dass die Eskalation unserer Erfolgs-Gesellschaften vom Handwerk zur Großindustrie (...) von der Münzprägung zum Weltkapital, auch diesem unserem mangelnden Sinn für die Folgen des Wachstums zuzuschreiben ist.

Rupert Riedl

Ich habe versucht aufzuzeigen, dass unsere heutigen, meist mit der Globalisierung zusammenhängenden Schwierigkeiten darauf beruhen, dass die eigentlichen Probleme von der Politik nicht angegangen werden. Dabei ist immer zwischen jenen Problemen zu unterscheiden, die systembedingt und jenen, die hausgemacht sind, auf dem Einsatz einer falschen Politik wider besseren Wissens beruhen. Dazu zählen Fehler in der Bildungspolitik oder bei der Einschätzung der Alterspyramide im Zusammenhang mit der Altersversorgung. Hier sind Fehler geschehen, die bei gutem Willen korrigierbar sind.

Schwieriger wird es dort, wo die Politik auf Probleme trifft, die sich direkt aus unserer Form zu wirtschaften ergeben, aus dem kapitalistischen System selbst. Wie gezeigt wurde, hatten schon die Klassiker der kapitalistischen Theorie große Sorgen damit, dass dem Kapitalismus Krisen ganz automatisch innewohnen. Das hat sowohl damit zu tun, dass die Marktwirtschaft – bei aller Geschäftsplanung in den

Konzernen – eine reaktive Form des Handelns ist. Wenn wo Mangel herrscht, fließt solange Kapital hin, bis ein Kapitalüberschuss entsteht, der dann über Firmenpleiten wieder entsorgt wird. Im Markt geschieht prinzipiell alles erst, wenn die Probleme bereits evident sind. Doch selbst wenn es gelingen würde, Marktgleichgewichte herzustellen, also zu fließenden Übergängen zu kommen, bliebe noch immer das ganz große Problem des Kapitalismus: die Überakkumulation von Kapital, das ökonomische Gegenstück zum ökologischen Ressourcenmangel. Das Kapital erreicht nach einer gewissen Zeit erfolgreichen Wirtschaftens eine Höhe, wo das angesammelte Kapital beginnt, dem eigenen Erfolg im Weg zu stehen. Es findet – wie beschrieben – nicht mehr genug Anlagemöglichkeit. Wenn eine solche Situation eintritt, wird es in der Tat eng für die Politik. Die gegenwärtige Globalisierung ist nichts anderes, als der Ausbruchsversuch des Kapitals aus den Grenzen, die von der Überakkumulation in der Zeit seit 1945 geschaffen worden sind. Nur in den Ländern der ehemaligen Kommandowirtschaft und in der Dritten Welt finden sich noch genügend Wachstumsmöglichkeiten, also solche, Kapital mit ausreichender Verzinsung anzulegen. Allerdings können diese Länder nicht so einfach auf den dahin rasenden Zug aufspringen, sondern müssten in Wahrheit langsam herangeführt werden. Zeit ist allerdings das, worüber das Kapital am wenigsten verfügt. Durch die überhastete Globalisierung sowohl innerhalb der EU als auch weltweit kann das Problem der Überakkumulation nicht gelöst werden, da es unmöglich ist, auf Dauer – wie derzeit etwa in China – mit Wachstumsraten von bis zu zehn

Prozent ein halbwegs harmonisches Wachstum zu erreichen. Diese Form des plötzlichen Überschießens der Kräfte hat verheerende Nebenwirkungen für jene Länder und Regionen, die bereits einen gewissen Wohlstand erreicht haben, gefährdet aber auch – ganz wie in der Natur – die auf diese Art wachsende Pflanze selbst.

Eine Globalisierung unter neoliberalen Vorzeichen führt nicht zu einer gleichmäßigen Verteilung des zuwachsenden Reichtums, sondern führt zu einer explosionsartigen Reichtumssteigerung bei einer kleinen Minderheit, belässt aber den großen Rest der Bevölkerung weiterhin in Armut, schafft keinen Mittelstand, der die Gesellschaft und die Ökonomie stabilisieren könnte.

Man muss kein Apokalyptiker sein, um zu erkennen, dass grenzenloses Wachstum sowohl an die natürlichen als auch an die systemimmanenten Grenzen des gewählten Wirtschaftssystems stoßen wird und muss. Die ökologischen Grenzen dieser Entwicklung sind zwar nicht exakt berechenbar, aber trotzdem vorgegeben: Eine Motorisierung à la USA oder Westeuropa wird es weltweit nicht spielen. Da geht tatsächlich vorher das Erdöl aus oder wird so teuer, dass nur mehr eine Minderheit sich das Autofahren leisten kann. Was das für die Weltwirtschaft bedeutet, möge man sich vorstellen. Noch immer ist das Automobil das wichtigste und teuerste Konsumprodukt, von dem 15 bis 20 Prozent der Weltwirtschaft abhängen. (Während der Straßenverkehr durch die Nutzung fossiler Brennstoffe gleichzeitig der größte Umweltverschmutzer in Hinblick auf die Erderwärmung durch den steigenden CO_2-Gehalt der Luft ist.)

Nun kann man der alten Verschwörungstheorie nachhängen, dass die Ölkonzerne längst die Pläne für einen Nachfolger des erdölbetriebenen Autos in den Tresoren der Planungsabteilungen liegen hätten. Eine solche Annahme ist naiv. Es gibt nichts dergleichen. Aus heutiger Sicht ist völlig ungeklärt, mit welcher Energiequelle die Motorisierung in Zukunft stattfinden kann. Aber das ist nur die ökologische Seite.

Mindestens so ernst ist die ökonomische Seite dieser Entwicklung. Denn wenn es nicht gelingt, das kapitalistische Marktsystem so umzubauen, dass es auch ohne Wachstum funktioniert, stehen wir vor einem riesigen Problem. Wir wissen nicht, ob es eine innere Grenze gibt, bei deren Überschreiten dieses System zugrunde geht. Aber dass Systeme einfach implodieren können, haben wir erst vor ganz kurzer Zeit erlebt: Die Planwirtschaften in Osteuropa sind im Wortsinn zusammengebrochen. Keine spektakuläre Revolution wie 1789 in Frankreich, sondern ein fast unbemerktes Verschwinden einer Gesellschaft, die versagt hat. Wir im Westen haben es erst mitbekommen, als es fast vorbei war. Auch die große Depression nach 1929 war nichts anderes als ein riesiger Systemzusammenbruch, der nur durch äußerste Anstrengungen wie den New Deal und in letzter Konsequenz durch die Zerstörungen des Zweiten Weltkriegs in einem Neuaufbau des Wirtschaftssystems münden konnte. Dass dabei die stalinistische Planwirtschaft im Osten eine ungemein stabilisierende und disziplinierende Wirkung auf den Kapitalismus hatte, sollte ebensowenig übersehen werden wie die Tatsache, dass den Preis für diesen »gebändigten«

Kapitalismus teilweise die Menschen hinter dem Eisernen Vorhang bezahlten.

Es wäre naiv zu glauben, der Kapitalismus sei das Ende der Geschichte. Jede Produktionsweise ist bisher an ihre Grenzen gekommen und durch eine andere ersetzt worden. So wie der Kapitalismus einst den Feudalismus hinweggefegt hat, erwartete Marx, dass der Sozialismus dies mit dem Kapitalismus tun werde. Diese Hoffnung war eine trügerische. Die Planwirtschaft war eine noch hoffnungslosere Veranstaltung als der Kapitalismus, denn sie war der zwar eineiige aber unvollkommene Zwilling des Kapitalismus. Wie der Kapitalismus setzte die Planwirtschaft auf grenzenloses Wachstum, ging von einer unbegrenzten Menge an Ressourcen aus und sah ihr Heil in der permanenten Steigerung der Produktion. Der Stachanowismus war nichts anderes als die kollektive Form der individuellen Gier im Kapitalismus. Eine neue Wirtschaftsform ist nicht am Zeichenbrett planbar. Sie kann auch nicht durch die Willenskraft einer kleinen Handvoll von Revolutionären erschaffen werden. Die Zukunft ist grundsätzlich unausdenkbar.

Was wir aber sagen können ist – und hier hatte Marx Recht – dass neue Gesellschaften im Schoße der alten entstehen. So hat sich etwa das Geld als Tauschmittel schon lange vor dem Kapitalismus entwickelt, wurde von ihm nur übernommen und mit neuer Qualität versehen. Als Tauschmittel wird es wohl auch den Kapitalismus überleben.

Wir wissen nicht, wie eine zukünftige Gesellschaft aussehen wird, die die beschränkten Ressourcen gerecht und sinnvoll verteilt und bei der die Schaffung von Reichtum nicht automatisch die Schaffung noch größerer Armut nach sich zieht. Aber ist es so undenkbar, dass irgendwann, wenn das letzte Dorf im Hindukusch und die letzte Strohhütte in Afrika mit Strom versorgt sind, Wachstum gar nicht mehr gebraucht wird?

Dass diese Welt über genug Ressourcen verfügt, allen Menschen ein Leben in Wohlstand zu sichern, kann als gesichert angesehen werden, wenn das Bevölkerungswachstum im Griff ist. Blicken wir nur auf die entwickelten Industriestaaten: Es ließe sich heute schon ganz kommod leben, wenn wir jedes Jahr wieder nur das Bruttonationalprodukt des Jahres 2000 herstellen würden. Kann irgendjemand erklären, warum wir hierzulande angeblich ärmer werden, wenn wir fünf Jahre lang ein so genanntes Nullwachstum haben, also fünf Jahre hindurch immer dieselbe Menge an Gütern für eine ziemlich gleichbleibende Bevölkerungszahl herstellen? Das ist nur in der Logik des Kapitalismus und seiner Kapitalverzinsung zwingend.

Wenn wir es jedoch eines Tages geschafft haben sollten, die Dynamik des Zinseszins-Kapitalismus so umfunktioniert zu haben, dass eine gleichmäßige Wohlstandsverteilung auf der Erde eingetreten ist, was zwingt uns dann eigentlich noch, diese Dynamik aufrecht zu erhalten? Warum nehmen wir dann nicht Tempo aus der Geschichte, schaffen etwa die Verzinsung ab (oder setzen ihr Grenzen) und begnügen uns mit dem, was wir schon haben, da jedes Mehr ohnedies unvernünftig und ökologisch kontraproduktiv wäre?

Ob eine solche Wirtschaft funktionieren könnte, kann heute niemand sagen. Aber der Versuch wird irgendwann gewagt werden müssen. Es bedarf einer neuen, zusätzlichen Aufklärung, in deren Rahmen wir uns darüber klar werden, wie wir dieser Aufklärung, mithin der Vernunft, auch auf dem Gebiet der Ökonomie zu ihrem Recht verhelfen. Schlimmer als nach all den neoliberalen Experimenten der letzten Jahrzehnte kann es auf der Erde dann auch nicht aussehen (man denke nur an die »Erfolge« des Neoliberalismus in Lateinamerika und in Afrika).

Man kann das eine Utopie nennen. Soll sein. Aber die Tatsache, dass die totalitären Ideologien im 20. Jahrhundert das Konzept der Utopie desavouiert haben, spricht noch nicht unbedingt dafür, auf ewige Zeiten die Hände davon zu lassen. Denn solange Menschen leben, werden sie einander Geschichten erzählen. Und die wichtigste unter diesen Geschichten wird immer die größte aller großen Erzählungen sein: die Utopie. Man traue jenen nicht, die solche Utopien um jeden Preis verwirklichen wollen. Noch weniger ist nur jenen zu trauen, die uns nicht einmal die kleine Hoffnung einer bescheidenen und machbaren Utopie gönnen.

Von machbaren Utopien

Politik und Philosophie haben sich in Anbetracht der Katastrophen des 20. Jahrhunderts mit einer gewissen Berechtigung von Utopien losgesagt. Die Politik ist dabei auf den Hund (sprich: die Innovation) gekommen. Die Verwertungsbedürfnisse des hemmungslos vagabundierenden Kapitals prägen längst die Sprache und das Denken der Politiker aller Richtungen. Innovation ist gut, denn Innovation ist morgen: die Eröffnung eines Innovationsparks, eines Innovationszentrums und eines Friedhofs der Innovationen. Utopie dagegen ist weiter entfernt als selbst die übernächste Wahl, der man sich stellen muss, wo man doch nicht mal noch so recht an die nächste Wahl denken will.

Trotzdem wird die Politik irgendwann erkennen müssen, dass Innovationen richtungslos sind, keinen Wert an sich darstellen und keine Richtschnur für politisches Handeln darstellen können. Der Begriff Innovation sagt nichts aus über den Umgang der Menschen miteinander, über den Umgang der Menschen mit der sie umgebenden Natur, über die sozialen Bedingungen, unter denen Innovationen entstehen. Er sagt noch nicht einmal darüber etwas aus, ob Innovationen überhaupt wirklich notwendig sind; er ist eine Behauptung, mehr nicht. Doch ohne eine Idee davon, wie Menschen ihr Leben in Zukunft organisieren können (oder sollten), ohne eine Vorstellung davon, wie diese Welt auch für die »Verdammten dieser Erde« eine lebenswerte werden könnte, wird es keinen Ausweg geben aus der Sackgasse des kapitalistischen Zwangs zur Innovation zwecks Aufrechterhaltung des Wachstums. Solche Vorstellungen über die Zukunft sind im Allgemeinen an den Begriff der Utopie geknüpft. Es ist nicht naturnotwendig, dass Utopien in die Katastrophe führen. Erst wenn wir glauben, eine Utopie um jeden Preis verwirklichen zu müssen, und wenn wir beginnen, einen solchen Glauben in die Tat umsetzen, drohen die Gefahren des Totalitarismus.

Denn genau das ist der Punkt: Gleich Münchhausen uns selbst an den eigenen Haaren aus dem Sumpf zu ziehen, dieses große Kunststück wird der Menschheit abverlangt werden. Zu lange haben wir nicht bloß über die eigenen, sondern auch über die fremden Verhältnisse gelebt. Nicht die Versprechungen, der nächsten Generation noch Pensionen zu zahlen oder Atomkraftwerke zu bauen, ist die große Sünde, sondern die Tatsache, dass wir die realen Ressourcen zukünftiger Generationen in kürzester Zeit wahrhaftig in die Luft geblasen haben.

Kaum waren wir – ausgestattet für das Leben im Neandertal – den Weiten der Savannen ebenso entkommen wie der Enge des Neandertals, begannen wir zu verschwenden. In unserer Unkenntnis der großen Zusammenhänge freuten wir uns wie kleine Kinder, als das erste Auto zu tuckern begann. Dass wir nebenbei mit Hilfe des Automobils im Straßenverkehr mehr Leute umgebracht haben (40 Millionen) als im Ersten Weltkrieg (25 Millionen), ist uns dabei nicht weiter aufgefallen und ein Beweis für unsere beschränkte Fähigkeit, in größeren Zusammenhängen zu denken. Uns ist schließlich auch nicht bewusst, dass der explodierende Straßenverkehr in Asien die jährliche Zahl der Todesopfer auf rund zwei Millionen wird ansteigen lassen (so uns nicht vorher der Sprit ausgeht). Schon die Erfindung der Landwirtschaft führte, wie man heute vermutet, zu einem ersten, großen Klimawandel. Wo der Mensch hintritt, wächst kein Gras mehr – oder jedenfalls nicht mehr so wie vorher.

Wir werden neue Moralvorstellungen entwickeln müssen, die den modernen Massengesellschaften angepasst sind. Wenn wir uns die Menschheitsgeschichte als einen Zeitraum von 24 Stunden vorstellen, ist der homo sapiens erst vor einer Stunde am Horizont aufgetaucht, kapitalistisch unterwegs ist er seit einigen Sekunden. Die Moralvorstellungen des Menschen sind geprägt von einer Gesellschaft, die überschaubar war, mit einfachen Ursache-Wirkungs-Zusammenhängen. Diese Moral des Frühmenschen sicherte das friedliche Leben innerhalb der Kleingruppen und ist gleichzeitig dafür verantwortlich, dass die Fähigkeit zu Massenmord und Genozid als Wesenseigenschaft des modernen Menschen in der Massengesellschaft erscheint.

Unser bescheidenes Gehirn hat die großartige Leistung vollbracht, den modernen Wohlfahrtsstaat zu schaffen. Aber in der Kürze der Zeit brachte es keine neue Moral zuwege, die es dem in diesen Wohlfahrtsstaat eingebetteten Menschen ermöglicht, sich ganz automatisch des Wohlfahrtsstaates so zu bedienen, dass er ihn nicht schädigt und untergräbt. Unser dummes Gehirn begreift, dass der Mitbewohner in der Höhle ein Weggefährte ist, dessen Schicksal aufs Engste mit dem eigenen verknüpft ist. Stehle ich ihm einen Teil seiner Jagdausstattung, wäre das nicht nur sinnlos (weil die

Stärke der Gruppe in der Jagd vermindert wäre), sondern auch erkennbar schäbig, da die Schädigung des Mit»bürgers« einsichtig und erkennbar ist. Beim Versicherungsbetrug ist uns die Einsicht in diesen Zusammenhang ebenso verloren gegangen wie beim Umgang mit den Leistungen und Einrichtungen des Wohlfahrtsstaates, genauer gesagt: Wir haben diese Einsicht nie erworben, denn Krankenscheine waren im Neandertal nicht vorgesehen.

Wir sind noch immer vom Mangeldenken des Urmenschen geprägt. Der sinnlose Konsumismus in den Einkaufstempeln ist nichts anderes als die entfesselte Mammutjagd, inzwischen aber ohne Sinn und Ziel. Auf unseren Müllhalden verrottet heute jährlich mehr Reichtum, als die Urmenschen in Jahrhunderten zum Leben gebraucht hätten. Wir haben nicht gelernt, dass es heutzutage genügt, über die Straße in den nächsten Supermarkt zu gehen, um mit allen wichtigen Gütern versorgt zu sein (klar, im Kapitalismus braucht man dazu auch noch Geld, aber das ist lösbar). Unsere Gier ist grenzenlos, weil unsere Fähigkeiten so schnell angewachsen sind. Niemals hätte die Urhorde fünf Mammute erlegt, nur eines zur Hälfte gegessen und den Rest verrotten lassen. Nicht anders aber funktioniert heute der Vergeudungskapitalismus. Es ist noch ein weiter Weg zur Vernunft. Die Aufklärung hat nicht einmal noch richtig begonnen.

Wir sind nicht in der Lage, Reichtum zu schaffen, ohne ganze Kontinente (oder Teile von ihnen) in Armut versinken zu lassen. Auch das ist eine Folge unserer Gier und des Mangels an Vernunft. Ganz instinktiv trauen wir dem Kapitalismus nicht, nicht seinen Aktien und seinen Geldscheinen, nicht seinen Ansparmodellen und seinen leeren Versprechungen. Instinktiv vertrauen wir dem Kapitalismus ebenso wenig wie seine frühen Theoretiker. Darum häufen wir möglichst viel von diesen leeren Versprechungen an (sei es nun Geld, Aktien oder Anleihen), im irrigen Glauben, dann auf der sicheren Seite zu sein, nach dem Motto »viel hilft viel«. Einer von fünf Mammutschinken wird schon nicht verschimmeln.

Der Mensch ist ein mitfühlendes Wesen, solange er dem Mitgeschöpf ins Auge blicken kann (die großen Scheusale der Weltgeschichte sind zum Glück zahlenmäßig überschaubar). Wir brauchen eine neue Moral, in der wir uns – ganz im Gegensatz zum Pessimismus von Adam Smith – sehr wohl darauf verlassen können, es nicht mit einem geldgierigen, sondern mit einem menschenfreundlichen Apotheker zu tun zu haben. Alles andere kommt offenbar zu teuer. Die extreme Marktwirtschaft vertraut auf die Tugenden des Neandertalers und verwendet die Technik des 21. Jahrhunderts. Sie hat die Leistungsfähigkeit des Neandertalers vervielfacht und seine moralischen Fähigkeiten auf niedrigem Niveau stagnieren lassen. Gemessen an den Möglichkeiten vernunftgesteuerten Handelns ist das Handeln nach Marktgesetzen erst auf dem Niveau des einfachen Grunzens angekommen. Leider haben wir derzeit nur dieses Grunzen im Repertoire. Wenn es uns nicht gelingt, von diesem Grunzen zur Sprache zu finden, werden wir scheitern. In der Geschichte der Evolution sind bisher 90 Prozent aller entstandenen Arten wieder ausgestorben. Grunz.

Wir werden uns dem nur entziehen können, wenn wir es schaffen, neue Formen der Utopie zu entwickeln. Es müssen

Utopien sein, die sich verwirklichen lassen. Der Preis wird wohl der sein, dass wir auf die allerletzte Schönheit jeder Utopie, auf das Versprechen des Paradieses, verzichten. Diese machbaren Utopien werden uns nicht ins Paradies bringen. Es gibt kein Paradies für uns Sterbliche, damit müssen wir uns abfinden. Aber einige Meter neben einem gedachten Paradies soll es sich auch ganz gut leben lassen.

Schön wars

Ein Dramolett zum guten Ende

Der Kanzler: Schön wars, als wir noch nicht Kanzler waren.

Ein Berater: Eh.

Der Kanzler: Was wir net alles getrunken haben ...

Ein Berater: Ja, eh!

Der Kanzler: Ganz sentimental ist mir ums Herz.

Ein Berater: Ah, geh!

Der Kanzler: Mouton-Rothschild, Margaux, Haut-Brion, 100 Jahre alten Cognac ... und mit wem wir net alles getrunken haben.

Ein Berater: Ja, mei!

Der Kanzler: Mit dem Herbert, der Susi, dem stinkenden Karl...

Ein Berater: Dem stinkenden Karl?

Der Kanzler: Na, der Karl vom Branntweiner ...

Ein Berater: Psssst! Du meinst den...

Der Kanzler: Ja, jetzt ist er Minister für, für ... fällt mir grad nicht ein!

Ein Berater: Psssst!

Der Kanzler: Hast eh wahr. Keine Namen.

Ein Berater: Namen kommen und gehen.

Der Kanzler (sehr wehmütig): Kanzler kommen und gehen.

Ein Berater: Hast ja grad erst angefangen.

Der Kanzler: Das ist es ja!

Ein Berater: Eh.

Der Kanzler: Und was muss man heutzutage trinken?

Ein Berater: Grauslich.

Der Kanzler: Du sagst es. Weinviertler Veltliner, schwarz gebrannten Obstler, chinesischen süß-sauren Kellerschreck.

Ein Berater: Eh.

Der Kanzler: Und mit wem muss man heutzutage trinken?

Ein Berater: Ja, eh wahr!

Der Kanzler: Mit dem Blair, der Merkel ...

Ein Berater: Volle Pulle.

Der Kanzler: Das kannst laut sagen! Einmal im Leben noch einmal net Kanzler sein. Aber das wirds nicht spielen.

Ein Berater: Eh net.

Der Kanzler: Einmal noch Oppositionsführer sein!

Ein Berater: Passt schon!

Der Kanzler: Einmal im Leben noch Champagnerisieren mit dem Chirac!

Ein Berater: Lass bleiben!

Der Kanzler: Einmal im Leben noch die russische Muttererde küssen.

Ein Berater: Lieber nicht!

Der Kanzler: Mir ist ganz weh ums Herz, wenn ich an mein Volk denk.

Eine Stimme aus dem Out: Schnitt, danke die Herrschaften. Den ersten Werbespot für die nächste Wahl haben wir im Kasten.

Napalm-Luigi: Haben wir den jetzt für die ÖVP oder für die SPÖ gedreht?

Ein Berater: Vielleicht sollten wir ihn meist bietend versteigern!

Napalm-Luigi: Gute Idee. Chlorgas wohin ich schau!

Ein Berater: Eh.

(Anmerkung: Der SPÖ-Werbeberater Alois »Luigi« Schober hat im Wahlkampf 2006 erklärt, der SP-Wahlkampf wäre das reinste Napalm. Seit damals trägt er den Spitznamen »Napalm-Luigi«.)

Register

Inhalt

Hier werden Thomas Bernhards Figuren wieder lebendig: Protagonist ist ein dem Kapital verpfl ichteter Machtmensch, dem alle Mittel zur Erlangung seiner Ziele recht sind.

Michael Amon
Sonnenfinster
Roman

Ein Lebensbornheim, Mitglieder einer schlagenden Verbindung, eine Schauspielerin, ein im Sterben liegender Milliardär, und ein Arzt, der auf seinem Gebiet als besondere Kapazität gilt.

Ein Buch über den alten, patriarchalisch geprägten und den neuen, global entfesselten Kapitalismus: Welche Geheimnisse tragen Menschen mit sich, wie üben sie Macht aus, und wie lassen sie Macht über sich ausüben?

Ein Roman, der aber auch eine merkwürdige Liebesgeschichte erzählt: über die Möglichkeit, dass zwei Menschen in einer Welt, in der alle Beziehungen Warencharakter annehmen, genau diese Vorbedingung erfolgreich ignorieren und ihr eigenes Miteinander fi nden können.

240 Seiten, gebunden,
SU, 13,5 x 21 cm
EUR 19,90 | SFr 34,90
ISBN 3-85485-183-9